**The Go-To Mom's
Parents' Guide to Emotion
Coaching Young Children**

你就是孩子最好的玩具

樊登导读

[美] 金伯莉·布雷恩 **著**　夏欣茁 **译**

南方出版社·海口

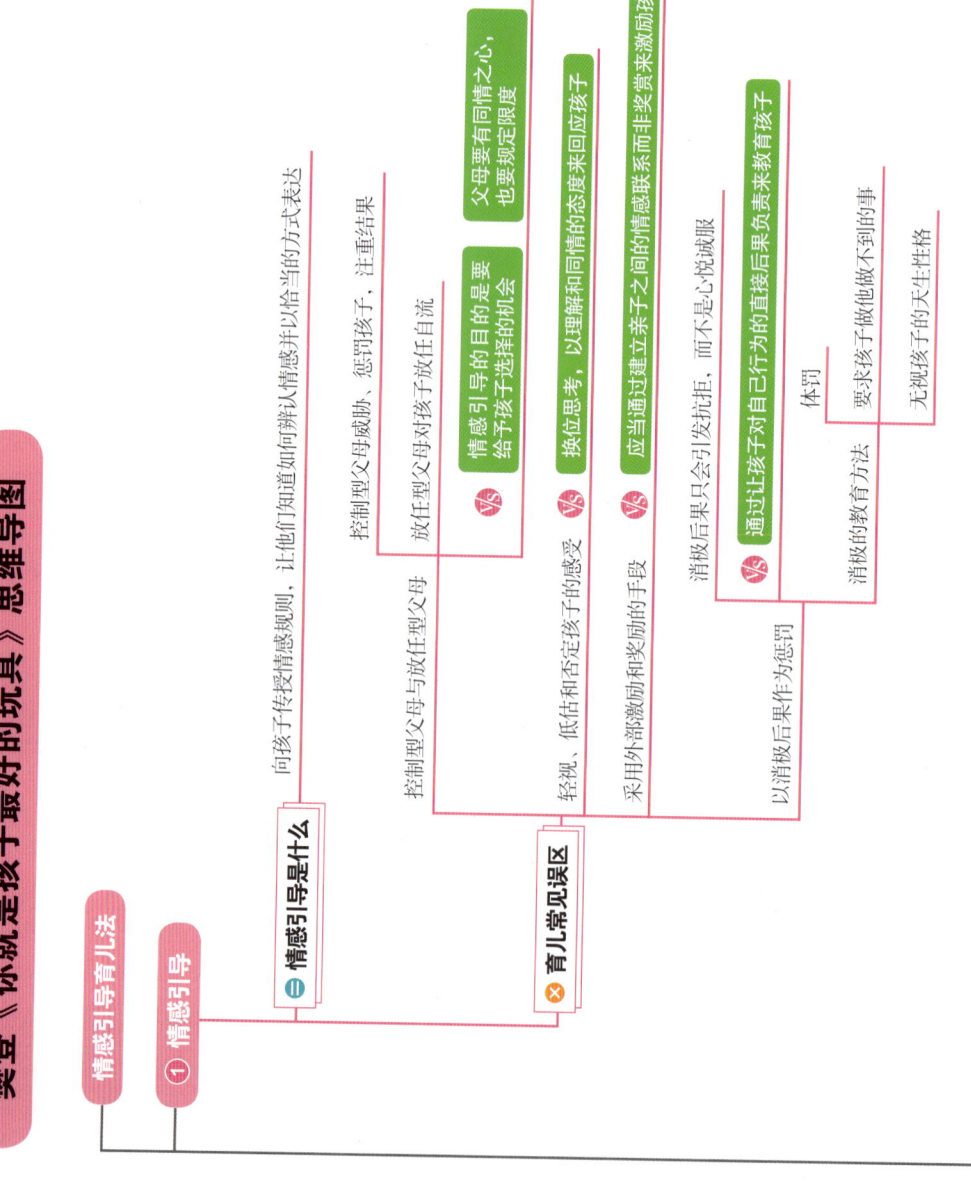

本书谨献给全天下所有的孩子

你们理应享受安定、关爱和呵护

一并献给我至亲至爱的儿子特维斯和休斯敦

有朝一日你们定会成为了不起的父亲

樊登导读：
走出误区迎接爱

《你就是孩子最好的玩具》是我觉得特别幸运能够遇到的一本书。我在养孩子之前养过一条狗，特别失败，我训练不好它。我特别担心，连动物都训练不好，我将来养了孩子会不会更加迷茫。我翻阅了大量儿童教育的书籍，《你就是孩子最好的玩具》是非常有效的一本。

我曾在樊登读书的线下活动中分享了这本书。讲完后，刚走出门口，我就看到一辆奔驰停在我面前，从车上下来一位女士，她把一个八九岁的小孩儿直接从车里拎出来扔在路边。女士上车，关了车窗作势欲走，小孩儿吓坏了，趴在车窗口使劲儿喊："妈妈，妈妈！"女士就是不理，我当时看得心都要碎了。

我的朋友马上上前去制止她。他过去敲开车窗，对那位女士说："你知道这样做会对孩子造成多大的伤害吗？你有没有读过《你就是孩子最好的玩具》，这样做会让孩子感受不到无条件的爱。"

这种惩罚的行为如果不制止，带来的重要问题是，孩子今后会时时刻刻都觉得自己有可能被妈妈抛弃。结果就是到了青春期，孩子具有反抗能力后，会更加大力度地去反叛。这就是为什么很多父母觉得孩子在青春期之前很听话，可青春期后，就开始摔门、翻脸、冷战、离家出走。

如果不希望自己的家庭出现这样的问题，我们就一起来学习《你就是孩子最好的玩具》吧。

与孩子相处的典型误区

《你就是孩子最好的玩具》从带孩子的误区开始讲起。

第一种误区叫"控制型父母"与"放任型父母"。

控制型父母带大的孩子通常会有两种情况：要么变得特别懦弱，因为他从小被控制，已经丧失了自信；要么变得特别有控制欲。一个人如果特别有控制的欲望，他自己会特别痛苦，因为这个世界上一个人能够控制的事其实是非常少的。

放任型父母在孩子哭的时候说："没事儿，让他哭，哭会儿没关系……"孩子哭起来撒泼、打滚，也没人管。放任型的父母带的孩子长大以后会出现的问题是，极度缺乏团队的归属感，会过度具有依赖性，有可能会网络上瘾，极端的情况有可能会加入黑社会的帮派、吸毒。因为他没有团队归属感，只有在某个特定的环境中，他才能够找到自己的归属感。

第二种误区叫"贿赂型"。

孩子哭的时候，父母说："别哭，别哭，爸爸给你买糖吃，爸爸带你去看电影。别哭，咱们去买个自行车……"很多父母习惯用贿赂的方法来对待孩子，比如在墙上给孩子贴小红花。

贿赂带来的问题是，他做任何事都没有来自内心的动力。他的动力全部来自外在的确认，做一个好孩子的乐趣是有人给他一朵小红花。他对自己学习成绩好没有乐趣，成绩好是为了能够得到一笔"奖学金"。

如果一个人感受不到事情本身的乐趣，是很危险的。我们想想看，人的一生中永远都有人给你外部的确认吗？永远都有人从外部激励你去做事吗？

第三种误区叫"忽视、低估、否定孩子的感受"。

比如，孩子从幼儿园回到家，说很饿。妈妈说"你不饿"。这就是否定他的感受。孩子摔了一跤，尤其是男孩子摔倒以后，妈妈过来说的第一句话是："不疼不疼，快起来。"设想一下，我们成年人如果在厨房里摔了一跤，伴侣过来说"不疼不疼"，你心里是什么滋味。

如果父母经常用否定和忽视感受的方法来对待孩子，孩子也会感受不到别人的痛苦。我们经常见到有的孩子把妈妈气得半死，孩子过来说"别生气，生什么气，生气有什么用"。他会忽视他人的感受，很难融入社群，甚至会伤害别人而不自知。

以上所说的这些父母在管教孩子的时候经常出现的问题，我们可以对照一下。如果不读这本书的话，我们会不会在这条错误的路上越走越远？

第四种误区叫"以消极后果作为惩罚"。

要分清楚两个概念，一个叫作"直接后果"，一个叫作"消极后果"。

直接后果：比如，你跟孩子约好了，晚上五点半吃晚饭。五点半，孩子在看电视，你叫他吃饭，他不来。再叫他，还是不来。半个小时后，孩子来了，饭没了。你可以直接告诉孩子："我理解你，但是的确没有饭吃了,要不明天你早一点儿来吃饭吧。"

消极后果:比如,孩子失手打碎了杯子,你一气之下说:"今晚不允许看动画片。"不能看动画片和孩子打碎杯子之间没有必然的联系,这不会让他变得更乖,而是让他学会了怎样欺骗你。消极后果和直接后果的区别是特别明显的。

还有一类典型的错误是体罚。

父母是孩子最重要的安全屏障,父母在揍孩子之前酝酿的气氛是特别吓人的。孩子如果感受到父母失控,他整个的安全屏障就彻底被摧毁了。这导致孩子今后有任何错误,父母都不能指责他。因为父母一指责,孩子就担心后面的摧毁,害怕父母有可能会突然不要自己了,或者害怕父母会突然变得像自己不认识的人一样。

情感引导让亲子沟通顺畅

这些都是常见的错误,那么,我们到底应该怎么办?《你就是孩子最好的玩具》给了我们一个非常重要的工具,叫作"情感引导"。通过情感引导的方法帮助孩子建立大量的情感类的词语后,他才能够学会用成人的方式跟父母沟通。我们可以回忆一下,当我们的孩子很小的时候,我们首先教他的是什么词,通常是爸爸、妈妈、月亮、星星、汽车、银行这些名词。

所以,孩子小时候为什么会经常撒泼、打滚,躺在地上不停地哭,是因为孩子除了这招之外不会别的方法了,没有人教过他什么样的方法是有效的。

父母教了他一大堆名词,而实际上最应该教给他的是,这叫作

"沮丧",这叫作"开心",这叫作"分享",这叫作"快乐",这叫作"协调"……这些情感类的词语才是父母最应该通过各种各样的方式教给他的。

但是,情感类的词语比较难教。要帮助他学会大量的情感类的词语,他才能够变得善于体会自己和他人的感受。

比如,看动画片的时候,有个动画人物的脑袋被砸了一下。这时候,你可以问问孩子:"你觉得他的感觉是什么?他心里在想什么?"这是在帮助孩子学会了解他人。

情感引导有如下关键步骤:

1. 给孩子埋下一颗种子。

比如,今天晚上要带孩子出去吃饭。吃饭之前,你告诉孩子:"今天晚上,咱们要一块儿去吃饭。进入包间以后,不能到处乱跑,也不能大声地叫喊,这是咱们今天晚上吃饭的要求。"

在出发之前讲一次,在路上讲一次,到了饭店的时候,再跟他确认一次。这叫作"埋下种子",让孩子知道怎样做是对的。

很多父母经常不做这一步,直接就是"你给我乖一点儿"。孩子根本听不懂,就如同以前有人告诉我,录节目的时候录得有趣一点儿,这个要求简直要命,就像很多演员听到"你要演出那种悲愤的状态"。形容词的要求都是很难做到的,你提出具体的要求才是合理的。

播下这颗种子后,你就可以带孩子去享受晚餐了。

2. 不断地观察和判断孩子。

仅仅有种子,孩子未必能够做得到。家长要知道孩子此刻的状态是什么样的,他在情绪正常的范围内,还是逐渐地开始失控了。

当孩子情绪失控的时候,家长一定要懂得倾听,比如蹲下来、直视他。蹲下来,跟他的目光是平视的,问问他到底有什么样的感觉。

你要教他了解别人的感受，就要先学会了解他的感受。这时候，如果孩子真生气了，这里有一个非常重要的方法，叫作"反映情感"。

比如，孩子很抓狂、很生气时，你说："你别生气，生什么气？都是小朋友一起玩。既然是玩，有什么好生气的？你再这样生气，不带你出来玩了……"这不叫"反映情感"，这叫"指责""要求"。

当你这样对孩子讲话的时候，孩子会变得更加生气，因为他生气的感觉没有得到理解和释放。这时候，家长需要跟孩子讲："爸爸能够理解你现在很生气。"或者："你现在很难过，爸爸知道你觉得有点儿委屈，是这样吗？"

当你能准确地反映出孩子此刻的感受时，他的情绪才会逐渐平复。

如果一个孩子从秋千上掉了下来，妈妈跑过去时，千万不要说"不疼不疼"，可以说"我知道秋千荡那么高，掉下来很吓人。你还有什么地方疼，你告诉妈妈，看看妈妈能不能帮到你"，这才叫作"准确地读出了对方此刻的感受"。当你能够准确地读出孩子此刻的心情和感受时，他的情绪水平才会快速地下降，他才会恢复正常。

一个孩子的情绪没有恢复正常的时候，你跟他讲任何道理都是没有用的。

在《关键对话》这本书的分享中，有一个非常重要的提醒：人要做双核的对话人。双核的对话人就是既要考虑谈话的内容，又要考虑谈话的氛围。很多父母压根儿不考虑谈话的氛围，只管把自己想讲的话一个劲儿地讲出来。孩子都已经听不进去了，或者孩子已经崩溃了、抓狂了，父母还在不停地说，这就是唠叨。这导致的结果是你说得越多，孩子越不听。因此，父母要先学会关注孩子的情绪怎么样。试着先把他的情绪安抚下来，让孩子感受到有人关心他，再问他："你觉得咱们该怎么做？"

3．引导孩子解决问题。

问问孩子怎样才能解决这个问题。比如："你觉得怎么样才能够和小朋友好好相处？""你觉得怎样能够让你们大家都开心，不打架？"引导孩子来解决问题，是情感引导的关键步骤。

在孩子做对了的时候，要告诉孩子："你刚刚这个行为做得很好，这个行为就叫作……"这就是情感引导。

我曾经尝试在我儿子两岁的时候，教会他什么叫作"耐心"。有一天晚上，嘟嘟躺在床上大哭，喊着"我要喝大牛奶"。这时候，他妈妈就赶紧去给他冲大牛奶，我一看，心想糟了，这孩子的性子像他的妈妈，真够急的。

我就过去陪着他，和他在一起，给他安全感。我趴在床上对他说："嘟嘟，你现在是不是有点儿着急？"

他开始听我说话。我接着说："嘟嘟，你知不知道什么叫'耐心'？"他说："我不知道。"我说："没关系，不知道也没关系，爸爸告诉你，耐心就是牛奶还没来的时候，咱们也可以不哭。"这是先播下种子。

第二天，他要喝大牛奶，他妈妈去冲牛奶了。我又过去陪着他说："嘟嘟，爸爸昨天给你讲过什么叫'耐心'，你还记得吗？"他说："记得。"然后，他开始回忆内容，说："没有大牛奶也不哭。"我说："很好，来，试试看。咱们能不能表现出耐心，咱们尝试一下，表现出耐心来给妈妈看看。"他就努力忍了一会儿，这时候，他妈妈过来了。

此时，要赶紧抓住这个机会去塑造他的行为，告诉他这个做法就叫作"耐心"。所以，我立刻跟他妈妈说："你快来看，你儿子表现出耐心了。"我对嘟嘟说："你刚刚表现的这个行为就叫作'耐心'，你真棒，你已经学会了。"

那么，他学会了吗？小孩儿学东西真的是很快的！

后来，嘟嘟四岁的时候，有一次我在家里玩手机，他说："爸爸，我要看看你的手机。"我就跟他讲"耐心"，他就说"忍耐"，他的理解变化了。他给耐心的定义是要能忍耐，他不断地改变自己对这个词的理解。

嘟嘟是被情感引导的方式教育长大的，我的收获是在他三岁左右。这期间，我几乎没有见过他大哭大叫、大喊大闹，我带他逛玩具市场，一点儿都不担心。他说："爸爸，我想要这个玩具。"我说："这个比线上贵很多。"他立刻就能放下，等我以后给他买。

他能够与我商量和沟通事情。有一次，嘟嘟从幼儿园的校车上下来，我们小区一个小姑娘想去我家玩。我就问那个小姑娘："如果你妈妈不同意你去怎么办？"因为她妈妈经常怕给我们添麻烦。小姑娘说："那我就求求妈妈。"嘟嘟就在旁边接了一句："求求妈妈是没用的。"紧接着，他又补充了一句："比这更没用的是哭和闹。"

我觉得他说的话有意思，就问他："嘟嘟，那你说什么有用？"他说："沟通。"

他在三岁的时候就知道通过沟通能够解决各种各样的问题。

他跆拳道考级，要考"蓝绿带"，需要抬脚把一块木板给踢断。他连着踢了三脚，都没踢断。根据规则，踢三脚踢不断就失败了。教练瞪了他一眼，就拿着板去让别人踢。

我看嘟嘟站在那儿有点儿发慌，玻璃门外一群家长就说"糟了，过不了了"，大家都很替他担心。

等大家都踢完了，考官就开始点评每个小朋友的表现。点到我儿子时，刚说了他的名字，还没点评，嘟嘟突然举起一只手说："请考官再给我一次机会。"

全场的家长都在外边看，都愣住了。有人说："这个孩子还能这样说话。"

考官也一愣,他也不知道这个孩子为什么会说这样的话。

嘟嘟接着说:"我只要一个机会。"他在跟考官沟通。

考官犹豫了,他不知道该不该松这个口。外面很多家长在那儿说,"给一个机会""给一个吧",大家都被孩子感动了。

当然,外面的声音是影响不到考官的。考官在里边沉默了一会儿,说:"好,就给你一个机会。"

嘟嘟就去踢,"啪",一脚就踢断了,拿到了蓝绿带。

结束之后,我很开心地进去,其他家长也很开心,都过来说:"小伙子,你真棒!"

这时候,我立刻确认他的情感,蹲下来问他:"嘟嘟,你刚刚有什么感受?"作为爸爸,我必须让他了解自己的感受。

他说:"我刚才憋得眼泪都快出来了。"

实际上,我看到,我的孩子是快哭了。

我说:"如果这个考官不给你机会,你该怎么办呢?"这个问题很重要,要让孩子知道有可能会遇到挫折。

他说:"要是不给我机会,我就好好练,下次再考。"

这时候,用情感引导的方式可以帮助他学会一种品质,我选择了教他学会什么叫作"坚持"。

我还是和他目光对视,我跟他讲:"嘟嘟,你刚刚的表现,爸爸真的很高兴。"

他说:"为什么?"

我说:"因为你刚刚表现出的这个行为叫作'坚持',有很多事我们真的轻易地就放弃了。但是,如果我们再努力坚持一下不放弃,有可能就能成功。所以,你今天的表现很棒,爸爸很高兴。"

他很快就学习、理解和体会到了什么叫"坚持"。

他当时非常开心地跑了起来。

无条件的爱有边界

孩子的行为是从父母的身上学会的,有一句话特别重要——"孩子是父母的复印件。"既然是复印件,有问题就要找原件。

所以,大部分孩子身上的问题都在父母的身上有所反映。如果你觉得你的孩子难以沟通,很大程度上是因为父母根本没有尽到这个责任,没有教会他怎么去做。

多年前,我在火车上看到一个母亲带着一个八九岁的小男孩。一路上,两个人都在打。小男孩一直吵、一直叫,母亲就使劲儿地掐他——唯一的方法就是掐他。掐到孩子哭,疼了就再哭。母亲说"那我不要你了",就把他扔到另外的车厢去了。两个人一路都在疯狂地打斗。

这种现象简直太普遍了,这对孩子的内心会造成巨大的伤害。只要有一次,孩子就知道父母对他不是无条件的爱。

我经常会问家长:"你爱你的孩子有条件吗?"大人们都会说:"我当然是无条件的,他做什么我都会爱他。"但我们往往表达出来的并不是这样,我们说的是"你要再不听话,我就不管你了""你再不听话,就把你送人了"。我们喜欢听话的孩子,讨厌不听话的孩子。我们到底有没有条件?

当爱被附加上了这么多的条件时,孩子就不能够轻易地承认错误了。因为孩子一旦轻易地承认了错误,就意味着爸爸妈妈可能会不爱他了。这是他不能接受的,孩子越被批评,他就越敏感。

无条件的爱不意味着让孩子做什么都行。

那么，父母该怎样把握好这个度呢？比如，爸爸要从心里认定，正因为爸爸对孩子是无条件的爱，所以爸爸才要来帮助孩子。在和孩子沟通的时候也要表达出来："因为爸爸爱你，所以爸爸告诉你怎么做是对的。"纠正了他的行为之后，还要说："尽管今天爸爸批评了你，尽管今天爸爸纠正了你的行为，但是爸爸依然是爱你的。"这是真正无条件地爱孩子的父母所拥有的语言模式。

夫妻之间也一样。当然，夫妻之间建立无条件的爱，会比亲子之间要难很多。不过，一个家庭要想稳固，这一点是特别重要的。否则的话，两口子一吵架，就互相说狠话，只能让对方心中不安全，感受不到无条件的爱。

这本书的核心是我们要学会使用情感引导这个工具：首先，在孩子心里埋下种子；接着，观察和体察他的情感；然后，引导他思考接下来应该怎么做才是正确的；最后，他做对了的时候，一定要表扬他。

有一点非常重要，那就是培养一个人最重要的机会，不是在他做错的时候，而是在他做对的时候。当孩子做对的时候，父母要珍惜这个机会，告诉他这样做是对的，并且告诉他为什么。这样，孩子才能变得越来越自信，并且积攒大量正确的行为，他跟这个世界的关系才会是和谐的。

孩子能找到乐趣所在

有的朋友向我反馈，说我讲的道理他非常认同，只是他的爱人做不到。

我的确见过很多父母为了教育孩子产生争执，有一个概念非常重要——你要搞清楚是亲子关系重要，还是夫妻关系重要。

夫妻关系要远远优于亲子关系，让孩子觉得最安全的方法是父母的关系好。父母的关系好对孩子的影响非常大，父母千万不要为了管教孩子的事，在孩子面前吵架。爸爸应该在孩子不在的时候，跟孩子的妈妈好好地探讨一下这件事，把这本书介绍给她，让她了解一下到底应该怎样教孩子。

还有人说孩子的爷爷奶奶经常会用两极的方法来对待孩子，要么溺爱得要命，要么特别严厉。

他们从小就这样教孩子，有人意识到需要改变，还有人说："他这样教我们，我们不是也长大了？"长大了和长得好一样吗？有没有可能你只是长大了，但你的心灵受了很多的伤，有的你自己都不知道？比如，你有很多局限，你有很多不自信，有很多心灵上的盲点，你根本就不敢探索……

这都是不正确的教育给我们内心的伤害，我自己清楚地知道我身上有什么伤害，所以我们想做得更好，就一定有机会做得更好。

父母亲自带孩子当然是最好的，如果是爷爷奶奶带，当然要跟爷爷奶奶不断地沟通，把知识传递过去。

在我家里，我从不刻意教嘟嘟写字，但他自己乐意认字。我妈妈是小学老师，她总忍不住提醒嘟嘟，某个字写错了，某个字写歪了，某个字笔顺不对……这是小学老师认真的习惯，但我跟我妈私下里沟通，我说："孩子这个时候探索新东西的愿望才是最重要的，让他保持着这种喜欢探索的感觉，这个比纠正他把字写对要正确和重要得多。如果因为纠正他的字写得好不好看，而导致他不爱探索、不爱学习了，这叫作'得不偿失'。"

我妈觉得我说得很有道理,她竟然还把这段话记录下来,和很多人分享她的感受。

我们家的孩子到目前为止,没有人逼他学习,也没有人用奖励的方法诱惑他学习,我们强调的是他自己有没有发现学习本身的乐趣。

比如,他说去学游泳,就很开心地享受游泳本身的乐趣。他也不用人催着弹钢琴,不用人催着练跆拳道……我们不要求他成为钢琴王子,也没有想过让他成为游泳健将。

乐趣很重要,只是得孩子自己找到乐趣。如果某一事物,他从中没有得到乐趣,我们也不强求,反正这个世界上有那么多有趣的事可以供他探索,重要的是培养孩子这种情感表达的方式和对事物的专注。

有一位家长很苦恼地问我怎样才能让孩子喜欢弹钢琴,他们家几乎是拿个鞭子在旁边,孩子不弹就打手板。我想了想,如果弹钢琴的时候,自己弹了一首不错的曲子,旁边马上有人说哪处没弹好、哪里又错了,然后再打手,弹琴就一点儿意思都没有了。爸爸可以让孩子感受到弹钢琴的乐趣,比如说,"爸爸觉得你弹得真好听"。

这位家长说道:"孩子有时候还是觉得弹琴挺有乐趣的,但是他就是不坚持。"我说:"那你就要让他学会爱上坚持这件事。"他说:"他不坚持。"我说:"所以,你要让他爱上坚持这件事。"什么叫作"爱上坚持这件事"?比如,孩子今天突然自己跑去弹钢琴了,没有人逼他,他会自己突然弹一会儿。

总会有这样的时候,爸爸要赶紧去固定他的这个行为,用情感引导的方式告诉他:"你今天的这个行为叫作'坚持',你真棒!你善于坚持,你肯定能够学好。"当孩子感受到坚持本身带来了成就感,也有乐趣的时候,他才能够学会坚持,他做别的事也会表现出坚持。

孩子的种种情商、种种行为模式,都是我们一点一滴不断地发掘,不断地确认才能让他学会。

很多家长最大的问题是，一天到晚只看孩子不对的地方，整天对孩子的错误和缺点特别敏感，而对他们做对的事、对他们做得很好的地方、表现出天性的地方，家长却没有感觉。

这是由于我们在原始社会养成的很多坏习惯。原始社会时，我们只对危险感兴趣，乐观的原始人在慢慢进化的路途中都被吃掉了，所以能够活到今天的人都有谨慎的基因。但当下，这种谨慎的基因会影响我们对他人的鼓励。

我们有了意识之后，就想提高自己的能力，而提高自己的能力最快的办法是多读书。读书能解决我们生活中各种各样的困难，能够改变我们的生活，让生活变得更加美好一点儿，不要整天纠结在痛苦之中。

《你就是孩子最好的玩具》是我人生中幸运地读到的一本书，所以我把它推荐给了所有准备当父母或已经当了父母的人。几乎所有人读完这本书，都会觉得非常感激。有朋友问过我："这本书适合多大的孩子？"在我看来，即便你的孩子已经20多岁了，这本书同样有效。随时改变，都有机会让一个家庭变得不同、变得更好。

知识测试

1. 本书提到，控制型父母会造成孩子长大后更容易 _____ ？[单选题]*

    A. 丧失洞察力

    B. 丧失自控力

    C. 丧失判断力

    D. 丧失注意力

2. 本书提到，放任型父母会导致孩子长大后缺乏 _____ ？[单选题]*

    A. 自信心

    B. 自尊心

    C. 团队认同感

    D. 团队归属感

3. 根据本书的说法，下列哪些选项属于贿赂教育？[多选题]*

    A. 用小贴纸奖励孩子的新习惯

B. 带考了好成绩的孩子去旅游

C. 在孩子摔疼时用言语抚慰孩子

D. 用玩具让哭闹的孩子听话

4. 根据本书的说法，通过_____的方式可以帮助孩子用成年人的方式与父母沟通？[单选题]*

A. 情感引导

B. 情绪发泄

C. 情感积累

D. 情绪抑制

5. 本书提到，父母应该_____孩子难过？[单选题]*

A. 禁止

B. 避免

C. 允许

D. 陪同

6. 本书提到，直接后果和消极后果的区别在于_____？[单选题]*

A. 直接后果更容易奏效

B. 消极后果更容易奏效

C. 直接后果能让孩子感受到父母的负面情绪

D. 消极后果能让孩子感受到父母的负面情绪

7. 根据本书的说法，下列哪些选项属于家长管教孩子时应该自问的问题？[多选题]*

    A. 我有没有否定孩子的感受？

    B. 我有没有忽视孩子的感受？

    C. 我有没有用打击孩子的方式去惩罚他们？

    D. 我有没有用消极的方法去驱动他们？

8. 根据本书的说法，观察和判断的本质是_____？[单选题]*

    A. 理解

    B. 关注

    C. 包容

    D. 接纳

9. 本书作者认为，在被父母体罚的威胁下，孩子迟早会再次犯错。这种说法是_____的？[单选题]*

    A. 正确

    B. 错误

10. 本书作者认为，简单地告诉孩子你真棒，就能帮助孩子认识到为什么棒。这种说法是_____的？[单选题]*

    A. 正确

    B. 错误

答案见文末

扫描二维码
收听樊登博士本书精彩导读

作者特别致中国家长的信

亲爱的中国的家长朋友们:

我是 Kimberley Clayton Blaine（金伯莉·布雷恩），《你就是孩子最好的玩具》的作者。此书获得中国读者的广泛好评，我感到十分欣慰。现在，《你就是孩子最好的玩具·樊登导读》即将推出，希望能为您提供更全面、更科学的育儿理念，能为您的育儿提供更切实的帮助。

育儿是我们一生当中最艰巨的任务之一。如何让孩子们更健康、更快乐地成长，对我们来说是最重要的事。然而，当孩子们没有按照我们希望的那样做时，我们通常会怎么样呢？我们往往会采取一些不太好甚至比较极端的方法去应对，比如朝他们大声吼叫、威胁他们，甚至把他们扔在路边作为惩罚。可是这样做真的对吗？这样的方式和方法的弊端，在孩子成人以后会显现得特别明显。

现在有一种科学且充满爱心的全新教育方式能够帮助我们培养出快乐、乖巧、适应能力强的孩子，让他们成人以后能够与人和谐相处，自信、果断，这就是情感引导式教育。这种教育方式不仅能使我们避免一些育儿问题，还能有效地帮助我们把孩子培养得健康、快乐。现在在美国和其他一些国家，这种教育方式深受家长和孩子们的欢迎。

情感引导式教育的核心，就是教我们的孩子如何合理地认知以及表达自己的感受，本书更侧重于在这方面为父母们提供方法和建议，教父母们如何以及何时使用这种方法教导孩子。

一旦我们能够根据孩子的发展性能力，帮助他理解自己的感受，进而愿意与他人沟通，我们会发现自己在与他人沟通方面也有所改变。我们不仅会看到这种教育方式的成效，还会为我们在育儿过程中与孩子建立的亲密关系而感到自豪。其实孩子不是想要贴纸或其他新玩具，他们想要的是我们的关心及注意！

当孩子们长大成人，离开家，他们都会进入相同的社会模式中。每个孩子都有自己独特的性格，有些孩子非常敏感、害羞，还有一些孩子外向且倔强。对于父母来说，关注孩子的性格与情感，实施这种全新的育儿方式非常重要。这样的话，父母也就不会一直采取那种极端且没有什么效果的教育方式了。

从更广的角度上来讲，孩子并不会因为受到威胁、惩罚，就变得更加听话、懂事。让孩子变得愿意配合家长的关键在于激发他们的内在动力。孩子愿意做某件事情，是因为他们能从做那件事情当中获益，而并不是出于被威胁或被强迫。

成功的情感引导式教育需要时间和耐心，大部分的育儿方式都是如此。需要注意的是，这种教育方式并不是每次都会奏效，所以当我们一开始没有获得成功时也不要气馁。如果投入了至少 50% 的努力，我们和孩子之间的关系就会变得更加亲密、健康，教育效果更是令人欢欣鼓舞！

让我们一起培养我们健康、快乐、自信、大方的孩子。

Kimberley Clayton Blaine

（金伯莉·布雷恩）

编者的话

如果孩子们正在走廊里来回奔跑,密集的脚步声和尖锐刺耳的叫声让正在煲电话粥的妈妈不胜其烦,妈妈们会怎么做?

控制型妈妈会丢下电话,一把拉开房门,大声吼道:"都给我停下!我快被你们逼疯了!不许再跑了,立刻都给我回房间去!现在就回去!都玩游戏去!如果你们继续淘气,饭后就没有冰淇淋吃!绝对没有!"

放任型妈妈面对同样的状况只会唉声叹气,无奈地摇头,然后对电话另一端的朋友说:"哦,不过是孩子们在乱闹……的确太吵了……他们都快要把屋顶掀翻了,可是又有什么办法呢?"最后挂掉电话,然后任由噪声持续下去。

这两种不同类型的妈妈通常会得到两种不同的结果:控制型妈妈也许能够一时控制住孩子们的行为,但孩子们并不知道为什么要这样做;放任型妈妈则是"无为而治",等到孩子的精力发泄完毕,自然就不再吵闹。然而,不管这两种处理方式最后的结果如何,它们都有一个严重的缺陷,那就是可能导致孩子无法以恰当的方式来表达情感和进行沟通,从而无法建立起父母与孩子的亲密关系,孩子也就无法得到家庭关系所带来的归属感和安全感。

无论因为何种原因失去这种亲密关系，相信都不是父母希望看到的。因为父母和孩子之间的亲密关系是家庭中所有温暖和快乐的源泉，失去这种亲密关系，意味着父母在家庭生活中很难体会到与孩子在一起的快乐。这种亲密关系也是家庭教育的基本目的之一，失去了这种亲密关系，也意味着家庭教育的失败。更重要的是，如果无法在家庭中满足孩子对归属感和安全感的需求，孩子自然就会跑到家以外的地方去寻找，在某些情况下，这会引起许多严重问题（如毒品、早孕和帮派活动等）。

也许这两种类型的父母也想培养与孩子的亲密关系，却不知道除了这些传统的教育方式之外还有什么方法可以采用。事实上，控制或放任的教育方法不仅无法完成这个任务，而且有可能适得其反。因为，亲密关系的培养并不取决于父母对孩子行为的严厉约束或放任自流，而是取决于父母在孩子的幼年时期（0～7岁）对孩子进行的情感引导。

情感引导是充满关爱的人性化的教育方法，比那些已经过时的育儿理念更符合逻辑和人性。在前面的案例中，如果运用情感引导的方法，妈妈不但能够顺利让孩子停止吵闹，而且还能够将这种棘手的状况变成一个增进亲子关系的绝佳机会。控制型妈妈更关注孩子的行为，放任型妈妈多是无所作为，只有情感引导型妈妈会把这当成了解孩子内心世界的好机会，并且对孩子的情绪给予同情和理解，这样，自然就能在沟通中增进亲子关系。

情感引导的概念并不复杂。简而言之，情感引导就是要让孩子从出生之日起就懂得自身情感的重要意义，能够识别和利用不同的情绪，并且能进一步认识和管理自己的情绪变化。情感引导的本质就是允许和鼓励孩子自由地表达自己的意见，通过和孩子共同分担责任来建立一种

"分享权力"的平等关系,以此来调动孩子的内在能动性,让孩子学会在成人的帮助下自己解决问题,并学会如何与他人建立起良好、亲密的关系。

本书作者金伯莉·布雷恩在世界上首次提出了"情感引导式教育"。在此之前,对孩子的情感培养在西方早已深入人心。西方家长们已经把处理孩子的各种情感纳入养育子女的日常任务当中,并且能够运用简单有效的方法把情商培养融入日常教育中去。20 世纪 90 年代中期,丹尼尔·戈尔曼(Daniel Goleman)出版了划时代著作《情商》(*Emotional Intelligence*),这是情感培养的概念首次被明确提出。而在此之前数年,金伯莉就已经在美国圣迭戈的一所幼儿园采用了情感引导的教育方法,只是她并没有意识到。数年之后,她正式提出了"情感引导式教育"的概念。金伯莉是注册家庭与儿童心理治疗师,经历过幼儿园教师、儿童心理治疗师、防止儿童受虐项目组织者、家庭教育项目负责人等多种角色后,她成为两个孩子的母亲。此后,金伯莉决定将事业的重心转移到促进儿童的健康成长上。她将自己的专业经验和育儿心得融合到一起,并开始通过在网络上发布视频等方式向家长们推广情感引导的教育方法,以便让更多的家庭拥有亲密的亲子关系。

金伯莉将自己多年的育儿心得与许多情感引导的真实案例记录下来,这就是你现在看到的这本《你就是孩子最好的玩具·樊登导读》。我们希望你能从这本书中获得培养孩子的关键密码,帮助你培养出一个快乐、友善、坚强、自立且有责任感的孩子,并和孩子建立起一生的亲密关系!

序言

在 Go-To Mom 网站工作时,我主要是和家长们打交道,但在这之前的好几年时间里,我曾在圣迭戈婴幼儿学习中心担任主要教师,专门负责四岁儿童的教育。

大多数人——包括父母在内——面对满满一间教室的学龄前儿童可能会不知所措,我却觉得和那些最需要引导和关注的调皮鬼们在一起并没有什么难的。于是很快,我的同事们只要遇到"问题儿童"就会直接送到我的班级里来,而不是把他们遣送到校长办公室去。

很多老师都声称会关注和听取孩子们的想法,但实际上当他们忙于管理一屋子活泼好动的孩子时,压根儿顾不上那么多。我之所以比别的老师更喜欢和所谓的"问题儿童"在一起,是因为我从不指望他们会立刻变好。我不会挖苦或者羞辱这些孩子,相反,我尊重他们的感受,理解他们的困难,但同时也会严格地设定限度。我会首先观察和判断他们的情况,然后尽我所能去鼓励他们拥有丰富的情感,而不是因为他们的不乖行为而惩罚他们。我会陪伴在他们左右,允许每一个男孩和女孩去表达他们的感情。世上没有什么神奇的教育方法——我是依靠和孩子们建立起来的情感纽带来促使他们合作。那时候,其实我就已经在采用情感引导的教育方法了，只是自己还没有意识到而已。数年之后，约翰·戈特曼（John Gottman）博士在对儿童教育的研究中正式提出了"情感引导"这个概念。

早年我还曾担任过心理治疗师，在一个名为"儿女联合会"的州内项目中负责为遭受过性虐待的学龄前儿童进行康复治疗。在和这些儿童相处的日子里，我开始认真地研究这个年龄段孩子的特殊需要。

多年以后，我成为一名拥有从业资格证书的婚姻和子女教育治疗师，并且系统地学习了神经学和大脑发育方面的知识。研究证明，孩子在非惩罚性的环境中学习效果最好，接受能力也最强。在理念的层面上，我赞同那些专家们提倡的温和教育和尊重教育——我们可以称之为和平式育儿。

20世纪90年代中期，丹尼尔·戈尔曼（Daniel Goleman）的划时代著作《情商》（*Emotional Intelligence*）出版了。戈尔曼指出，一个孩子如果想要获得幸福和成功的话，拥有良好的交际能力和情感智慧要比学业上的成就重要得多。戈特曼也撰写了类似理念的育儿书籍《培养高情商的孩子》（*Raising an Emotionally Intelligent Child*）。十年之后，儿童情商教育的概念已经深入人心，父母希望运用简单有效的方法把情商培养融入日常教育中去。

有几年，我在组织呵护儿童和预防暴力的培训项目，这让我得以直接面对受到创伤的儿童，并且熟知目前防止儿童遭受虐待和保障儿童福利的相关议题。此后，我还担任过家庭教育项目的负责人，组织过关于儿童虐待的全国大会。

不久之后，我就在洛杉矶开设了自己的私人诊所，同时结婚并生下了长子。就是从这时开始，我发现自己摘下了治疗师的帽子。我开始和妈妈们走在一起，渐渐远离了心理培训行业。当我自己也成为一位母亲之后，我开始把对孩子的希望与育儿理论和实践结合在一起。我决定把我的事业从心理治疗转为促进儿童的健康发育成长。我深信，如果父母们能够在孩子幼年时掌握足够的育儿知识，虐待儿童的事件就可以显著减少。

如今，我已经是两个活泼可爱的男孩的母亲了。我过去不曾、以后也绝不会惩罚我的孩子们，我不会贿赂他们，也不会动用任何的光荣榜或者施加暂停活动的惩罚，我尽可能不逼迫孩子或者剥夺他们的任何权利。虽然我也会有情绪激动的时候，但我知道自己是不完美的，需要时时反省自己的教育方式。我坚信父母无须依靠强制或贿赂来获得子女的合作，因为最能够塑造孩子良好行为的根本保证是深厚的亲子关系——这正是情感引导的核心。然而，这并不意味着我不会设定严格的限度或者使用有效的策略来引导我的孩子们做出最正确的选择。这本书将着重介绍一些宝贵的方法来帮助家长们有效地引导孩子顺利度过那些最具有挑战性的发育阶段。

情感引导是充满关爱的、人性化的教育方法。我接触过的很多老师和家长都逐渐接受了情感引导，因为他们发现它是那么的合情合理，比那些已经过时的育儿理念更符合逻辑和人性。打骂和恐吓是对宠物都不应该使用的方式，更何况是对我们的孩子呢？光荣榜、贿赂和奖励等方式虽然看似温和，但也不能彻底解决问题。

我经常会收到别人对我的孩子们的评价，总会觉得颇有趣味。当其他父母或者朋友见到我的大儿子时，他们经常会问："为什么你的孩子这么乖呢？"

我的回答是："我只不过是知道该如何尊重孩子，所以他才在大多数时候都很合作。"

然而，当他们遇到我的小儿子时——他爱吵爱闹、活蹦乱跳，时常不听我和丈夫的教导——我看得出来他们心里在想：一个儿童教育专家怎么连自己的孩子都教育不好呢？

答案是这样的：因为我的两个孩子性格迥然不同，因此我对他们采用的教育方法也完全不同。无论他们各自有怎样的性格，情感引导都让我们之间感情深厚。

凭借情感引导，我顺利地完成了如厕训练，解决了噩梦的困扰、挑食的毛病、上学恐惧症、极度令人尴尬的超市耍赖行为，以及让众多父母头痛的外出就餐的烦恼。情感引导对我的两个孩子是如此奏效，想要不成功都很难。

情感引导就是要让你的孩子从出生之日起就懂得自身情感的重要意义，并能够识别和利用不同的情绪。在掌握语言能力之前，孩子内心有很多焦虑无法表达出来，父母可以通过情感引导教会孩子如何在幼年就合理控制自己的焦虑。随着年龄的增长，情感引导会让孩子觉得自己的感情被父母所接受，并且学会进一步认识和管理自己的情绪变化，防止过分的冲动。

在父母的情感引导下，孩子将从很小的时候就知道如何掌控自己的生活，这样即使在步入青春期的时候，他们也不至于迷失方向。我们都知道，处于青春期的青少年和即将升入小学的儿童有一个共同之处，就是一方面寻找安全感的来源，另一方面又想去尝试刚刚获得的自由。受益于情感引导的孩子善于和同龄人相处，他们能和他人很好地协作并容易融入新的集体。总而言之，情感引导让孩子懂得对自己负责，这会让孩子终生受益。

成为"知心妈妈"并同时在网络上发布我的视频节目是一个再好不过的主意了，它让我可以有效地把多年的专业经验和自己的育儿心得融合在一起。在这些年与父母和孩子打交道的过程中，我亲眼见证了情感引导的惊人效果。

我尤其要感谢：海姆·G. 吉诺特（Haim G.Ginott）、阿黛尔·法伯（Adele Faber）、鲁道夫·德雷克尔（Rudolf Dreikurs）、凯瑟琳·沃尔斯（Kathryn Kvols）、阿尔菲·科恩（Alfie Kohn）、詹姆斯·加布里诺（James Garbarino）、莫雷·施特劳斯（Murray Strauss）、马歇尔·卢森堡（Marshall Rosenberg）、路斯·比格尔霍尔（Ruth Beaglehole）、约翰·戈特曼（John Gottman）、玛丽·伊蒙斯（Mary Emmons）和布鲁斯·佩里（Bruce Perry），是你们让我懂得了捍卫儿童权利的意义，也是你们影响了我对早期儿童行为和儿童教育的认识和研究，没有你们就不可能有这本书的诞生。

我或许无法解答所有关于儿童教育的问题，但我希望我的努力至少可以促使家长们去反思那些妨碍儿童潜能发挥的错误教育方式。和所有父母一样，我也在育儿的过程中不断探寻着一个又一个挑战的解决方案，但有一点我可以肯定，那就是尊重孩子的想法和感受是最好的教育方法。你应该相信自己的直觉，并时常在与孩子一同成长的过程中问自己："我的教育方式是会加深我和孩子之间的感情，还是会给他们的成长带来潜在的危害呢？"

希望这本书能够为你提供情感引导所需的技巧、捷径和解决方案，也希望你也能从我和众多家长的亲身经历中获得启发。我很荣幸能有机会和家长们分享这些信息，在培养出快乐、坚强、有责任感的孩子的道路上助你们一臂之力！

目录
Contents

| 樊登导读：走出误区迎接爱

| 知识测试

| 作者特别致中国家长的信

| 编者的话

| 序言

 第一章　管教孩子的常见难题：
情感引导能帮你做什么？

情感引导是什么？　/3
父母在情感引导中的角色
情感引导的基本要素

情感引导的常见误区　/6
误区一：控制型父母与放任型父母
误区二：轻视、低估和否定孩子的感受
误区三：采用外部激励和奖赏的手段
误区四：以消极后果作为惩罚

避免消极的教育方法　/20
打屁股
抱有不切实际的期望
无视孩子的天生性格

第二章　情感引导的重要性：
　　　　奠定父母与孩子一生的亲密关系

为什么要进行情感引导？ /28

建立情感的纽带 /29
陪孩子一起玩的重要性
提供选择

同情的力量 /33
撇开自己的情绪
如何在日常生活中给予孩子同情

了解孩子的性格 /35
要认识不同的发育阶段 /36
情感引导的关键步骤 /38
播下种子
观察和判断
聆听
体察并理解孩子的感受
同情

情感引导的其他注意事项 /42
让你的言行保持一致
让孩子知道大人会帮助他们

情感引导实践 /43
何塞和他的倔强女儿的故事

该认错时就认错 /46

第三章 婴儿期：
开始种下亲密基因

你开始影响发育的进程 /50

婴儿是如何学习的？

新生儿不会被惯坏

该让孩子一直哭下去吗？

婴儿不需要智力卡片或者电视节目——他们需要的是你！

引导和转移注意力

安抚毯、毛绒玩具和安抚奶嘴 /56

关于安抚奶嘴的争议

吸吮拇指

晚间作息规律的重要性 /61

不眠之夜 /62

带婴儿外出 /63

做好准备

你的心态很重要

带着婴儿去度假——趁你还有机会的时候

如何处理孩子的分离焦虑 /68

开始与人交往 /69

发起游戏小组

适当接受帮助可以防止过度疲劳 /71

让宝宝尽早学会向家长求助 /72

当妈妈去上班的时候 /73

和孩子保持紧密的联系 /74

第四章 两岁的乖宝宝，三岁的淘宝宝：建立亲密关系的关键时期

设定限度 /77
孩子需要自信心 /78
为什么打屁股没用？ /79
没有暴力只有呵护的环境才最利于发育
打屁股会损害孩子的学习能力，影响孩子的在校表现
打孩子就是唆使他们使用暴力
体罚可能会造成伤害
打孩子会伤害他们的自尊心
不能打，那该怎么办？

为什么暂停活动法不起作用？ /85
年幼的孩子不理解暂停活动的意义
让孩子有冷静和思考的机会
冷静法则的一个成功案例

为什么奖励无法奏效？ /91
奖励可能会适得其反

当孩子耍脾气的时候怎么办？ /96
当孩子在公众场合耍脾气的时候 /99
有些烦人的行为其实是正常发育的一部分 /100
咬人
打人
到处乱跑

教会幼儿和学龄前儿童如何分享 /105
在游乐场所应该遵守的礼貌 /107
童年初期常见的恐惧 /108

幼儿的恐惧
大一点的孩子的恐惧

带孩子外出就餐　/111
幼儿的牙齿保健和第一次看牙医　/113
让孩子自己刷牙
第一次看牙医

如厕训练　/114
睡眠问题　/116
何种程度的睡眠不足会导致异常行为？
如果孩子不爱午睡，怎么办？

关于电视和DVD　/118

**第五章　伴随成长而来的挑战：
　　　　与四到七岁的孩子保持亲密**

哭鼻子的问题　/123
难过的时候　/125
文明礼貌和社交礼仪　/126
孩子爱抱怨　/128
避免抱怨的小技巧

武器玩具和超级英雄游戏　/129
让孩子以健康的方式来扮演超级英雄

专横的孩子　/131
爱吵闹和尖叫的孩子　/132
兴奋的尖叫
愤怒的尖叫

容易害羞的孩子　/134
孩子说谎怎么办　/136
尿床的毛病　/137
收拾玩具和物品　/139
挑食的孩子　/141
"我要我要"类型的孩子　/144
未来的弟弟或妹妹　/145
选择最让你感到舒服的方式

第六章　无条件的爱：
育儿是世间唯一无法辞掉的工作

认识你自己的弱点　/151
正视你的过去　/153
了解并尊重孩子的个性　/154
允许孩子做自己
不要让成年人的烦恼侵蚀孩子的世界
对你的配偶或伴侣进行情感引导

离婚和单亲家庭　/158
何时把你正在交往的对象介绍给孩子

留些时间给自己　/161
和你的伴侣或配偶约会去

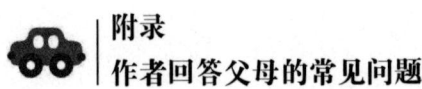

附录
作者回答父母的常见问题

为什么我的孩子特别黏我？　/168
为什么孩子不喜欢换衣服？　/169

怎样为孩子组织一个无须礼物的生日聚会？ /170

什么时候可以轻微地体罚孩子？ /171

我们是否对孩子保护过度？ /172

孩子在上幼儿园之前有必要认字和识数吗？ /172

我四岁的孩子对我们的狗很不好，这样正常吗？ /174

我的学龄前孩子在生气时会对我说："我不爱你。"或者"我恨你，妈妈！"我该如何处理这种状况呢？ /174

在什么情况下喊叫是错误的？我除了对他们喊叫之外别无他法，否则他们根本不听。 /175

我丈夫和我的教育方式截然相反，我们是不是应该统一教育方式呢？ /175

什么时候应当对孩子进行人身安全教育？除非迫不得已，否则我不希望让孩子了解可能会发生的坏事。 /176

我女儿刚上一年级，就经常受到欺负。我们应该怎么办呢？ /178

我如何保护孩子免受有毒食品和环境的影响，同时帮助他节能环保呢？ /179

| 后记

第一章　管教孩子的常见难题：
　　　　情感引导能帮你做什么？

孩子们从体验中学习。他们就像尚且湿软的水泥，听到的每字每句都会在他们身上留下印记。

——海姆·G. 吉诺特（Haim G.Ginott）[1]

我成长于一个除了感恩之外不包容任何其他情感的家庭。我的父母都是上进心极强的企业家，他们忙于经营业务，并没有因为我是一个极其敏感的孩子而给予我额外的关注。在成长的过程中，我不知道该如何表达那些隐藏的情感，无处宣泄内心压抑的愤怒、悲伤和不安。我害怕有人发现我的恐惧，于是就把这种情绪掩盖起来。

当年的我只能在日记中倾诉所有的烦恼。长大成人之后，我慢慢学会了自我调节。就这样，天生的性格再加上环境的塑造，让我成为一个自学成才的情感专家。大学一年级的时候，我曾在一家幼儿园工作，在

---

[1] 海姆·G.吉诺特（Haim G.Ginott，1922-1973），著名教师、心理学家和心理医师。他开创的和儿童交谈的方法至今仍被广泛应用，其著作《孩子，把你的手给我》（*Between Parent and Child*）在畅销书榜单上停留一年之久，直至现在仍然备受推崇。

那里，我萌生了一种强烈的愿望，就是希望能够超越教学的范围去帮助孩子们。本科毕业之后我修读了心理学的研究生课程，专攻创伤儿童的治疗。

我在学术研究和实际考察中发现，创伤儿童的首要特点就是缺乏最基本的自我表达能力。他们不仅在情感表达方面存在巨大的障碍，就连讲述自己的经历或描述现状都应对不了。我发现几乎所有年龄段的创伤儿童都生活在一个极度缺乏安全感和归属感的环境当中，他们表达情感、对人倾诉的机会实在太少了。他们只能隐藏情感，又没有机会向任何人倾诉——这些孩子过的是怎样一种生活啊！

然而，这些孩子却发展出一种额外的能力，就是能够敏锐地观察所处的环境。他们能觉察到危险的到来，并知道该在何时远离或者自保。

同样在幼年时备尝无人聆听之苦的我很容易理解这些孩子的感受。念初中时，我还曾因为冷漠和内向而遭到嘲讽。同龄人无法理解我害羞的性格和内心的恐惧，我也很难与其他人沟通。和人交往对我来说是一件很困难的事情，有时候我甚至还会出现读写障碍。因为我无法专心致志，总是担心自己的安全。我既拙于认识自己的情感，更不会展现内心的世界。

在研究生实习的中期，我担任过受虐儿童的法庭代理人，在虐待儿童的案件中，我是孩子们的发言人，也是他们唯一的依靠，因为有些孩子才三岁。只有当他们渐渐地感到和我在一起很安全的时候，康复的过程才算开始，才能让他们逐渐用语言来讲述自己的经历。

就在那时我意识到了情感引导的重要作用，受益的不仅仅是创伤儿童，所有的孩子都能受益。例如，有表达障碍或者害怕表达的孩子长大以后可能会在社会交往和事业发展上遭遇困难，而情感引导能够有效地帮助他们克服这些障碍。对孩子的情感引导已经成为我和父母及孩子们打交道的前提条件。

情感引导是什么？

情感引导其实就是向孩子传授情感规则，让他们知道如何辨认情感并且以恰当的方式来表达。通过引导，父母可以根据孩子的发展阶段来帮助他们认知情感和表达自我。

情感引导需要时间的投入和不懈的努力——为人父母本该如此，所以也不足为奇。情感引导一般不受场合限制，但在孩子情绪激动的时候，情感引导最好不要受到外界的打扰。尤其是当孩子遇到难以理解和表达的强烈情感时，这种引导尤为重要。我把情感引导视为一种生活方式，而不是处罚所有错误行为的万能战略。有时候情感引导也会失效，但只要能够投入 50% 以上的努力，其结果总会是积极的——父母与子女的关系将会更加亲密。

父母在情感引导中的角色

作为孩子的首位教育者和引导人，父母和子女的关系至关重要。采用情感引导的家庭规矩分明，在这样的环境中成长的孩子更加坚韧、听话且善于交际。父母作为长辈，应该有更丰富的生活经验，因此，完全可以成为孩子的优秀榜样和情感引导师。

情感引导的核心就是由父母来帮助孩子认识情感、人际关系、社会行为和他们所生活的世界。为了能够提供最好的引导，父母应该对孩子有一个深入的了解。

情感引导的基本要素

情感引导的本质就是允许孩子自由轻松地表达情感，而不受任何压抑或否定。为了促进与子女的良性沟通，父母应当：

- 了解并尊重孩子。每个孩子都有自己的个性和脾气，所以情感引导也要因人而异。
- 了解孩子的发育阶段，以避免设定不切实际或者不适当的目标。
- 密切注意孩子想要表达的任何情感，并把孩子最难管教的时刻看作了解他们的良好机会。
- 对孩子的各种情感都要表现出同情和支持。
- 通过和孩子共同分担责任来建立一种"分享权力"的平等关系，但同时也要设定界限。
- 调动孩子的内在能动性，而不是依靠外部奖励来纠正行为。
- 为孩子树立三思而后行的良好典范。
- 避免否定、怀疑或者轻视孩子的情感。
- 通过聆听孩子的心声并加以复述来丰富孩子的情感词汇量。
- 提前让孩子知道应该怎样做，可以让他们更合作。

尽管出发点是好的，但是现代的父母还有好多在沿用他们父母辈的传统方式去教育孩子，或者反其道而行之。

我在讲授情感引导课程时偶尔会遇到有抵触情绪的父母。例如有些母亲自身就无法在感情上接受这种方法，她们会说"我可做不来情感引导"，或者"我觉得不应该总用询问孩子感受的方式来关心他们"。这样的父母不知道该如何应对孩子强烈的情感,并认为情感引导可能会导致溺爱或者纵容。我告诉这样的父母要相信我,并坦言我自己就是这种禁止情感表达的家庭教育的受害者。这样的教育曾导致我在幼年和青少年时期都处于劣势,足足用了二十五年的时间才学会如何达到健康的情感平衡。幸运的是,今天,处理孩子的各种情感已经被纳入了父母养育子女的日常任务之中。

我采用的是以事实为基础的教育方法,科学研究和临床试验证明情感引导确实是具有积极效果的方式和方法。那些你在杂志上和电视上看到的所谓立竿见影的教育技巧和行为学手段,例如"暂停活动法"(time-outs)或者以剥夺某些权利相威胁的方法,从长远的角度讲都是没有效果的。情感引导饱含尊重和温柔,并且行之有效。我有信心这样讲,是因为我对此做过广泛深入的研究,并且已经在我的客户和自己的孩子身上得到了验证。我的两个儿子个性迥然不同:一个安静害羞,另一个执着难缠且精力超常。这就决定了我必须用不同的方式来开展教育,但我一直都在坚持运用情感引导。

本章里有些内容可能会让某些父母感到不舒服,因为在教育子女方面我们都有需要改进的地方。我希望家长们不要轻言放弃——坚持把这本书读完,并学会原谅自己,谁不知"可怜天下父母心"啊!如果你尚且对处理自己的情感问题感到困难,那么就请先从自我改造开始——任何人都可以克服消极的情感问题,我就是一个最好的例证。我相信你也会和我一样,与孩子共同成长、共同进步。我是情感引导的忠诚信徒,因为它是成功的保证:你将获得一个合作、自立且有责任感的孩子。这难道不是每一位家长的梦想吗?

情感引导的常见误区

如果情感引导真的那么有效,为什么还没有得到普及呢?我总结出了四种常见的误区,这些误区让用心良苦的父母在管教孩子的时候事倍功半。无论是在迪士尼乐园还是在超级市场,或者当我带着孩子在公园里玩的时候,我遇到的众多父母管教孩子的方法不外乎以下几种类型。

误区一:控制型父母与放任型父母

家长们普遍认为对付不乖的孩子只有两种选择:一种是控制,也就是惩罚孩子,因为其行为举止令自己完全无法接受。另一种办法则是反向的极端——放任,因为他们感到无可奈何,所以只能两手一摊干脆放弃,任由孩子熬夜、逃避洗澡、想吃什么就吃什么——无论是什么要求都加以满足。放任型父母缺乏坚持,对规定限度或者严格要求缺乏信心。当然,也可能是他们认为和孩子平等地做朋友才是最好的办法,没有管教的必要。总而言之,这两种类型的父母都不知道除此之外还有什么更好的处理方法。让我们来举个例子:

孩子们正在走廊里来回奔跑——脚步在木制地板上发出的轰鸣声中掺杂着他们尖锐又刺耳的叫声。这让正在煲电话粥的妈妈不胜其烦,她越发难以忍受这种噪声了。

控制型妈妈终于丢下电话,一把拉开房门,大声吼道:"都给我停下!我快被你们逼疯了!不许再跑了,立刻都给我回房间去!现在就回去!都玩游戏去!如果你们继续淘气,饭后就没有冰淇淋吃!绝对没有!"

我们别忘了,孩子们其实并没有做什么危险的举动,不过是让妈妈的神经很难受而已。小家伙们年纪小但精力充沛，就是喜欢到处跑，他们到底做错了什么呢？他们玩得正在兴头上，非常开心，当然不想突然间停下来去下什么棋，让他们回到房间里去其实是一种惩罚，取消冰淇淋同样是惩罚手段——命令和威胁是控制型父母的典型策略。

放任型妈妈面对同样的状况只会唉声叹气，无奈地摇头，然后对电话另一端的朋友说："哦，不过是孩子们在乱闹……的确太吵了……他们都快要把屋顶掀翻了，可是又有什么办法呢？"最后她会挂掉电话，然后任由噪声持续下去。

无论是控制型妈妈还是放任型妈妈，都不能教会孩子们如何尊重他人的需要——而这正是孩子们在上小学之前必须学会的规矩。

我这里有一个折中的办法可以供父母们参考，那就是利用情感引导和规定限度的方式来包容孩子的行为。对于例子中的这种状况，其实没有必要施加惩罚，但也不应该任由孩子干扰母亲的电话和宁静，妈妈们完全可以选择另外一种更恰当的方法来教育尚且不懂事理的孩子。

情感引导型妈妈会先做一个深呼吸，然后对孩子们说："亲爱的，你们的声音有点太大了，看来大家今天心情都不错嘛——个个跑得跟小火车似的——不过你们能不能到外面跑去？我可以帮你们布置一个障碍跑道，屋里可不方便赛跑，等妈妈一打完电话就出去帮你们建造好不好？请你们也帮妈妈一个忙，自己先去后院玩，可以吗？"

这种处理办法既有效果又很包容。妈妈不需要怒吼，更不需要威胁和惩罚。

控制型父母和放任型父母的处理方式都有可能导致孩子无法以恰当的方式来表达情感，这两种父母也都没有让孩子学会对自己的行为负责。控制型父母信奉的是老一辈的观点："孩子就应该听爸妈的话，让做什么就做什么，一切由父母说了算。"家长的话就是命令。他们要求孩子必须尊重长辈，但不会和孩子分享权力或者教导他们对自己的行为负责。这种类型的父母既不给孩子表达的机会，也不考虑孩子内心的感受，动不动就板起面孔，对孩子进行威胁或者惩罚，甚至对孩子动粗。

控制型的父母更注重孩子的行为，但我们都知道单看一个人的行为是片面的——因为除此之外还有感情、思想、观点和意见等许多方面。我发现爸爸们尤其倾向于采用控制型的策略，因为他们更在乎结果，总是想要立竿见影地解决问题，而且比妈妈们更爱展现威仪。人类的天性决定了母亲更注重和孩子的关系，她们会下意识里采用情感引导的方式却不自知。注重结果当然是教育孩子的基本原则，但是如果父母从情感引导方面入手的话，就可以事半功倍。

我曾询问过那些控制型父母对于自己教训孩子的感受，不少家长都说"我是不得已才这么做的，因为实在没有别的办法"，或者说"我的父母就是这样教育我的，既然他们是成功的，没有理由我就不能成功"。

于是我问他们："如果有一种更好的方法，你们愿意尝试吗？"

他们无一例外地表示愿意尝试，因为绝大多数的家长都对大喊大叫或者打孩子屁股感到非常歉疚，他们只是不知道还有其他方式可以采用。

我问他们："你们希望孩子比你们生活得更好吗？"接着再问："你们希望他们发挥出自己全部的潜能吗？"

答案永远都是肯定的，当然是这样。

我给这些父母的建议是，改用尊重和鼓励孩子的方式实施教育——如果家长们继续使用那些无效甚至有害的管教方式的话，他们的孩子将很难超越平凡，实现梦想。

一旦爸爸们认清了教育的终极目标，他们就会敞开心扉接纳情感引导的方法——情感引导绝不是要把爸爸们变得像妈妈一样的心慈手软。爸爸们一旦尝试了情感引导之后，就会感到教育的过程和结果同样美好。

如果我仅仅是建议那些控制型的父母停止威胁、喊叫和赏罚的话，他们多半不会采纳，他们必须先弄清楚为什么要停止这类手段，并确切地了解这样做的好处。爸爸们不妨暂且后退一步，回顾一下自己的童年，想想你是怎样长大的，小时候的你喜欢什么、讨厌什么——当然，我是指情感方面的好恶。

从长远角度讲，无论是威胁、惩罚还是放任自流，都不会让孩子成为有责任感的人。所有孩子在离开父母、迈入社会的时候都应当具备符合社会要求的社交能力。然而，每个孩子的性格都不同，有些比较敏感或害羞，有些则比较外向或固执。父母有必要采取折中的、全新的教育方式，停止沿袭那些极端而又无效的传统的教育方式。

> **来自教育专家的智慧之语**
>
> 你是希望孩子出于对你的恐惧而听从你的建议，还是出于对你的爱戴和敬重而听从你的建议呢？
>
> ——凯瑟琳·沃尔斯（Kathryn Kvols）[1]，
> 《重塑儿童行为》（Redirecting Children's Behavior）作者

---

[1] 凯瑟琳·沃尔斯（Kathryn Kvols），国际家庭与儿童网络的主席，也是"重塑儿童行为"课程的创始人。她主张父母与子女协作，共创双赢的局面。

无论是控制型父母还是放任型父母，取得的教育结果通常都是不尽如人意的。那些在控制型或者强制型家庭环境中长大的孩子，由于长期受到压抑，会渴望一切可以放纵的机会。当这种机会出现的时候——通常是在少年时期——他们会毫不犹豫地抓住并肆意利用。

相反，在"怎么都行"的放任型家庭中成长起来的孩子则缺乏约束和规矩，而且没有群体归属感。这些孩子往往个性散漫，他们因为没有得到管教，所以不具备对人类发展至关重要的依赖感。他们常常会感到恐惧，因为他们无法得到家庭关系带来的归属感和安全感——爸爸妈妈没能为他们建立起一个正常的家庭结构。这会导致许多被放任的孩子变得和被控制的孩子一样：在某些情况下，他们会在是非观念和情感上遭遇严重的困难，更容易涉及毒品、早孕和帮派活动，因为他们渴望找到一个可以归属的地方和某种亲密的依赖关系。如果孩子在家庭中无法满足这些需求的话，自然就会跑到家以外的地方去寻找。

 关于适应性的研究

人生来都具备承受挫折的能力。关于适应性的研究表明，如果能够获得足够的支持和鼓励的话，70%以上的年轻人不仅可以在最艰难的生活条件中生存下来，而且能成长为健康的成年人。

——萨拉·德鲁布里奇（Sara Truebridge），教育硕士，WestED机构的咨询顾问

情感引导的目的是要给予孩子选择的机会，父母们既要保有同情之心，但也要规定限度，只有这样，当青春期到来的时候，你的孩子才会说："毒品？我才不需要毒品呢！妈妈今晚要给我烤比萨饼吃，所以我

想回家去。"如果孩子们不能从家里得到关爱和指导的话，他们就会转向其他地方。如果家里没有人为他们烹制比萨饼的话，他们就会去寻找替代品，结果就可能会遇上某些炮制违禁化学品的人。

误区二：轻视、低估和否定孩子的感受

午饭过后才一个小时，孩子就说："我饿了。"

妈妈轻描淡写地回答："你怎么可能会饿！我一个小时前才给你吃过。"这是轻视孩子感受的一个典型例子。轻视是一种最简单、最下意识的反应，每个人都有可能会这样做，但这并不意味着它是正确的或者有益于孩子健康的行为。

试想一下，如果一个成年人对你说出同样的话，你会作何感想。如果妈妈和爸爸刚刚外出吃饭回来，一个小时之后，爸爸对妈妈说"我饿了"，难道妈妈也会同样不以为然地说："得了吧！你怎么可能会饿！"她更有可能会这样说："是晚饭时没吃饱吗？是不是你今天健身的时候太卖力了？"妈妈极有可能会采用沟通的方式来查找缘由，而不是直接拒绝爸爸的要求。

情感引导就是一个了解的过程，可以避免像上述案例那样随便忽略或者否定孩子的说法和感受。有时候，家长们会把自己的感受和观点凌驾于孩子之上。妈妈自己刚吃过，自然不饿，因此就推论孩子也不可能会饿，所以才会回答说："你怎么可能会饿！"而不是说一些关心孩子的话，例如："你又饿了吗？真的吗？是你的肚子咕咕叫了吗？会不会是渴了呢？"

当孩子从秋千上跌落下来的时候，目睹了全部经过的父母可能心想，他正好落在一堆木屑上，所以不会有多严重。于是对孩子说："好了,艾登,你自己站起来吧!没什么大不了的。"这位家长的初衷其实是好的,他不希望孩子过于娇气或者养成爱哭鼻子的毛病。

但是,我们有没有认真地想过当孩子从秋千上掉下来时的心理感受呢?这一过程引发的是一连串的情绪,首先是害怕:前一分钟他还在高兴地飘荡,下一刻就重重地摔在了地上;随之而来的感受是尴尬,他心里在想:"噢,我的天哪,每个人都在看着我!我一定看起来很蠢……"这种尴尬可能比任何实际的创伤更让孩子难受。总之,类似于荡秋千摔下来这样的轻微事故所引发的情感变化,家长们都往往考虑不到,更不用说更加重大的事件了。

永远从同情的角度出发。作为孩子的情感引导者,你应当学会换位思考。不要贸然轻视或者低估孩子身上正在发生的事情或者他们对你说的话,你应该首先考虑:"我的孩子在想什么?"在上述情况下,父母应当立即赶到现场,确认孩子的状况,并询问:"嘿,艾登,你没事吧?"这样做可以让孩子知道,你随时都守候在他身边。

有一半可能是艾登自己站起来说:"我没事!"然后接着荡秋千。这种情况很简单,你已经成功了。

但还有一半可能是,艾登静静地站着,眼睛里闪着泪花,似乎被吓到了,在这种情况下,你最好关心地询问:"你是不是摔伤了?还是吓了一跳?"艾登的回答可能类似于:"我害怕了,我荡得很高,然后就摔下来了。"

"妈妈看到了,艾登飞得非常高。掉下来确实很吓人,要不要我们一起坐一会儿,然后再回去玩?"你需要给予孩子的是支持,而不是轻视或者否定。"行了,站起来,不要大惊小怪"这样的语言对孩子没有任何帮助,反而会让他觉得,妈妈认为自己受到伤害、感到害怕和尴尬都是无足重轻的事情,所以他必须在你面前装出一副坚强的模样来。表面上看,这样做好像没什么不妥,许多父母甚至还会为此而称赞孩子的表现:"看看我们家艾登,马上就站了起来,真让人骄傲。"但父母的这种反应并没有让孩子懂得该如何面对痛苦,而这正是他在未来的生存中必须掌握的能力。

倘若家长能够以理解和同情的态度来回应孩子的痛苦、羞耻、内疚乃至愤怒等消极情绪,他们会因此学会恰当地处理这些感情,这种能力会帮助他们在成年以后处理工作中和感情上遇到的问题。

"你真的喜欢我吗?你真的爱我吗?那你爱我有多深呢?你为什么没有给我打电话呢?"可能每个人都遇到过这种缺乏自信和安全感的人——那种一天打几遍电话都不够放心的女朋友或者男朋友。如果这种类型的人在童年时期接受过情感引导的话,就不至于对自己如此没有信心。接受过情感引导的人很清楚何谓自我、何谓他人——二者之间有着非常基本而又重大的区别。

引导不等于溺爱。情感引导是先判断情况,然后再做出处理。这不是溺爱,而是在塑造和引导孩子的情感经历——无论是悲伤、饥饿、疲倦还是恐惧。我们的目标是要让孩子学会调控自己的情感,但也要给他们规定适当的限度。

我并不是主张学步的宝宝每次跌倒后父母们都要这样处理。在多数情况下你只需要让他自己站起来,而无须小题大做,也没有必要进行干预。只有当孩子开始哭起来或者明显情绪低落的时候,才需要你进行情感引导。在这种情况下,你就不能再轻视或者否定孩子的情绪了。孩子的情绪低落意味着他需要情感引导,你要让他知道,你可以给他强有力的支持。

日常生活中，随处可见父母轻视孩子感受的例子。例如，父母会对孩子说："你已经是个男子汉了，应该能自己走到公园。加油，别停下！"或者有的家长会对恐惧游泳的孩子说："尽管往水池里跳。不要担心，我会抓住你的，你要是再不跳的话我就再也不带你来了！"结果不肯跳的孩子就被领走了。

如果一个年幼的孩子由于父母的压力而不敢承认自己的疲惫、恐惧或者厌倦的话，其实是等于把父母的愿望置于自己的需要之上，是在否认自己的真实感受。

只有当你包容孩子的感受并表示同情的时候，真正的合作才能够开始。以下是一些比较恰当的交流方式：

- "要不要让妈妈抱着你休息一会儿？"
- "也许我们应该在树荫下喝点果汁。"
- "我们待会儿再尝试好吗？"

一味地强求是对孩子的不尊重，会让他们觉得，如果不遵从你的命令，就无法让你满意。

在童年时期坚持情感引导，会减少孩子对你的过分依赖，而且不会影响到你们之间的亲密感。频繁地否定或者轻视孩子的感受——"好了，根本不疼，快起来！""路又不远，快，继续走！"——这一类语言会让孩子觉得你并不重视对他的理解，于是他们从此不再依靠你或者指望你（也包括其他人）来帮助他。这会导致孩子长大以后不懂得设身处地地为他人着想。

如果你对孩子使用的语句是论断式的，例如："那只胳膊看起来好像是断了。好了，别哭了！我们看医生去……你可是个男子汉，不要再抱怨了……"等你的孩子长大以后，也会沿用同样的错误方式去教育他们的孩子，导致下一代也缺乏同情心并以自我为中心。孩子们在难过的时候需要得到成年人的安慰。无论是对社会的责任感还是对他人的关怀，孩子们最早都是从家庭中学到的。我们如何对待我们的孩子，他们就将会如何对待别人。

误区三：采用外部激励和奖赏的手段

在我的家长培训班上，我会问家长们，当孩子不听话的时候他们是如何处理的。结果经过我的估算，至少有70%的父母采用的是外部激励或者负面威胁的办法。

一个常见的例子就是："为了训练我的女儿学会使用便盆，她每成功一次我就奖励她一张贴纸。"父母还为她制作了一张光荣榜，经过一周的贴纸积攒，孩子可以赢得一次去玩具商店的机会或者其他奖励。这就是典型的以奖赏激励进步的手段。但是为什么你没有因为她学会了走路而奖给她一张贴纸呢？还有当她学会了说第一句话的时候？还有诞生到这个世界上的时候？你都没有那么做，为什么偏偏她学会了控制自己的膀胱就可以赢得贴纸呢？

不错，孩子会为了贴纸的奖励而坐在便盆上尿尿，但是倘若她还不具备控制膀胱的生理能力，还不能使用便盆，难道就意味着她无法赢取贴纸吗？孩子的思维方式是直截了当的，她很可能会因此而告诉自己："我不想要什么贴纸或者其他奖品！"她决定从此鄙视贴纸或者任何奖品的价值。

家长们于是向我反映:"如厕训练顺利地进行了两三个星期,可在那以后……"他们采用的外部激励手段不再奏效。

不要误解我的意思——我也喜欢给孩子贴纸和奖励,但不会把这些和纠正行为联系在一起。没有人是完美的,当我们希望促使孩子做一些事情的时候,可能常常会采用这种"如果你这样做,我就会怎样怎样"的战术。偶尔在某些特殊的场合下,我也会使用奖品或者威胁来让孩子乖乖听话,但是特别的恩惠更适合长途旅行,因为就像是给一个坐在学步车里的孩子吃爆米花一样,为的是让妈妈可以在商场里试穿鞋子。这种做法没什么大不了的,因为确实可以转移孩子的注意力。然而,事情的本质仍然没变,用奖励来操纵孩子的表现是错误的。

绘制光荣榜之类的方式不应该成为你的基本教育策略,用贴纸这样的奖励来哄得孩子乖乖合作也不是一个好的模式。在学习、工作或者生活中,我们每时每刻都必须按章办事。所以,我们也有责任让孩子们知道,即使没有奖励也应该去做正确的事情。

更好的策略。孩子们最希望得到的不是贴纸或者新玩具,而是你的关注。我喜欢送给孩子们礼物,有时我会带着最新、最受欢迎的玩具回家(当然一定是和孩子们的发育阶段相适合的)——但不是作为我对他们的行为的奖赏。我不会依靠玩具来让我的儿子们听话。他们如果合作的话,一定是因为我们之间建立起来的特殊情感;如果他们不乖,则通常是因为发生了让他们不愉快的事情。单单给个玩具并不会解决问题,作为父母,我们应该及时发现问题的根源并加以处理。

假设你刚从超市回家,车上装满了冷冻食品,需要尽快拿进屋里,但你两岁半的儿子在哭闹,因为他想继续留在车里玩。你很可能会说:"如果你马上下车,妈妈就给你一块饼干。"如果他还是拒不合作,你可能就会说:"如果你不下车,我就不让你看你最喜欢的电视节目。"然而,这是一个反思的好机会,先不要管冰冻食品将会如何,你应该集中精力思考一个更重要的问题,那就是怎样教导孩子听话、与人合作和做正确的事情。因此,不要急着施行贿赂,你可以从情感上引导他说:"妈妈知道你喜欢在车里玩,因为妈妈要你下来你才生气,但是对不起,宝贝,我们必须进屋去。你能帮助妈妈吗?"然后让孩子帮你拿点东西,并趁势轻轻抱起他,一同进屋去。孩子可能依然不满,但之前大吵大闹的情绪很有可能会因为你同情和安慰的话语而很快消退。如果你能够试着理解并且重视他的小小世界的话,将会让他感到备受尊重,他的愤怒就会消退得更快。如果你贿赂他,没准下一次他又想在车上玩的时候,还会期望同样的回报才肯合作。

误区四:以消极后果作为惩罚

无论是奖励还是惩罚都要事出有因,而这正是许多家长们糊涂的地方。我经常听到有人说:"我们从不惩罚孩子,而是让他承担后果。"我的回答是:"但是你这样做是为了让你的孩子感到后悔吗?"

"不是,"他们回答,"我们只是想给他一个教训。"

让我们来探讨一下什么是真正的教训吧!无论具体情况如何,教训的潜台词都是:"现在你知道后果的严重性了,你以后还敢这样做吗?"这种态度将对孩子产生负面的影响。而最有利于孩子茁壮成长的条件是获得父母的支持、指导和建议。

如果换作是你的老板用严厉的语调教训你说:"我叫你用 Excel,不是 Word,你这个白痴!"你会因此而表现得更好吗?还是会感到羞耻和不满呢?如果你的老板温和地教给你一种更好的方式来完成任务,你当然会照做——而且是快乐和自信地做，我敢肯定。用消极后果来惩罚只会引发抗拒，而不是心悦诚服。

四岁的彼得从他三岁的妹妹珍妮手中抢走了水管。妈妈命令他物归原主，彼得无视这个命令，所以被妈妈施以"暂停活动"的惩罚。妈妈认为，因为彼得不和妹妹分享而且不听指挥，就应该让他对自己的行为负责。但是，光是让他暂停活动，是否真能帮助他理解分享的重要性呢？如果妈妈换一种说法可能会更奏效："彼得，我知道你也想要水管，但是珍妮正在用它。请还给她，然后问她可不可以在她不用的时候给你玩。"如果他继续无视妈妈的指令的话，她还可以坐下来和他聊聊。相对于暂停活动的惩罚，用讲道理的谈话方式更能教会孩子如何分享和正确处事。如果彼得仍然无法控制自己的抢夺行为，妈妈则可以把他暂时带走，直到他愿意分享后再回来。

利用直接后果来教育孩子。 直接后果不等于消极后果，应该让孩子对自己行为的直接结果负责，而不是非要给他"上一课"。我可以介绍一下怎样用情感引导的方式来教育我的大儿子。在他五岁的时候，我没有试图"给他一个教训"，而是让他切切实实地为自己的行为承担责任。在他去后院玩球之前，我提醒他说："如果你因为玩球而晚回来吃饭的话，就必须和大家一起吃完，否则的话你可能就来不及吃甜点了。晚餐七点钟开始，而你要在七点半钟去洗澡，然后上床听故事。"然后我用五分钟的时间解释了现在距离七点钟还有多长时间，以及可能会发生的事情，并告诉他我会在七点钟准时叫他进来。

如果他晚十分钟进来的话，那是他的选择，我不会干涉。但如果他在七点半的时候跟我抱怨："妈妈，我还想吃甜点。"我则会说："我知道，我也希望可以给你一些，但是晚餐已经结束了。明天如果还是同样的情况，你还会因为贪玩而错过你的甜点吗？"

我对他因为喜欢户外玩耍而错过了甜点深表同情，但是，我们也讨论了他不顾我的提醒仍然迟到，所以才耽误了晚饭的时间。他的迟到是问题的症结所在，而丧失甜点只是它引发的一个直接后果。

这个后果不是为了惩罚他，而是让他从此习惯于在我刚一召唤他的时候就立刻回家。我已经提醒过他晚餐的时间和作息安排，并告诉他，之所以所有人都必须在同一时间进餐，正是为了让每个人都能享用到甜点。

即便他每天都在院子里玩到很晚而从来吃不到甜点，我也不担心。因为我已经给了他自主选择的权利和机会，我们之间不存在对控制权的争夺。我让儿子来分担责任，并鼓励他去思考和做出自己的决定。这种方法只适合五岁以上的孩子。

我没有给儿子吃甜点，不是因为我要惩罚他，而是因为他有必要学会在吃晚饭的时候准时回家。而甜点和晚餐的时间是直接关联的。但倘若我是这样对他说的："由于你没有按时回家吃饭，所以今晚不准看电视。"那么这件事的结果就不是直接的，因为看电视和按时回家吃晚饭没有任何关系。

看到儿子哭了，我也觉得难受，但我仍然不会给他任何甜点。我会给予他同情，并和他讨论解决的方案，以免他养成吃饭迟到的坏习惯。

"没吃到甜点确实很糟糕，"我会说，"让我们来确保你明天晚上能吃到甜点吧！那么怎样才能保证你明天会准时回来呢？"我会启发他去思考解决方案。我们家对孩子的日常教育基本上都遵循这样的程序，因为我不愿意在必须要做的事情上和他竞争谁说了算。

父母应当依靠共同承担的责任，而不是消极的后果，来教导孩子下次应该怎么做——或者至少应该激发他们去思考解决方案。作为情感引导者，你要跟孩子换位思考，分析是什么地方出了问题，克服负面的情绪，然后拿出一个计划。让孩子合作的关键是要激发他们的内在能动性，要让孩子因为自己会受益而去做某件事情，而不是因为他们受到了威胁或是逼迫。

避免消极的教育方法

情感引导就是要通过观察找出孩子行为背后的动机和心理。孩子们不乖通常都是事出有因的：过度兴奋、缺乏约束、寻求关注或者过度疲劳……在许多情况下，孩子的需求没有得到满足，但家长未能意识到他们的这些需求，就直接施加了惩罚。暂停活动、打屁股、训斥和板起面孔都是惩罚性的消极驱动手段。

采用消极的驱动手段，意味着要让孩子受到一些打击或者教训，好让他以后不会再犯同样的错误。但是惩罚孩子坐在房间的角落里并不会让他吸取教训，因为情感上的折磨不会带来任何积极的结果。

尽管如此，家长们还是不断地让孩子受到挫折，指望孩子会因此更听话。举个例子，塔莎正和她的妈妈在咖啡馆里吃晚饭，席间她不停地敲打桌子。妈妈严厉地说："立刻给我停止，吃饭的时候不能敲桌子！"塔莎安静了几分钟，然后又开始"砰、砰、砰"！这一次她不但敲桌子，而且还用上了两只手。妈妈对她说："你再敲一下试试看？你再敲一下就到一边罚站去！"妈妈的言外之意是，你再敲，我就会给你点颜色看看。

惩罚性的威胁可能会暂时阻止孩子敲打，但塔莎从中学到的唯一道理就是因为害怕母亲发火或者失去关爱而不得不顺从。然而我们不希望孩子们产生这样的想法：想要如愿以偿，就必须先服从父母的指挥。

如果换作是我的孩子在敲打桌子，我努力的目标就不会是让他顺从。我首先会尊重他的愿望，并找出他敲桌子的原因。也许是因为晚餐迟迟没上，他已经坐烦了；或者时间已经晚了，他觉得太累了。总之，要先找出根源，而不是急着惩罚。威胁不会让孩子领会我们想要教给他们的道理。不妨试试下面这种方式。

妈妈："塔莎，你怎么了，亲爱的？你看桌子都在摇晃。是小蚂蚁钻进你的裤子里了吗？要不要妈妈和你出去走走，把它们赶出去？"

塔莎："不是的，妈妈，我不想散步。我觉得很闷。"

妈妈："我知道等着上菜很没劲，但是就因为这样而敲桌子对吗？"

塔莎："不对。"

妈妈："为什么不应该敲桌子呢？"

塔莎："会把东西碰倒，打碎……"

妈妈："对啊，那样的话我们就得打扫，你也不想这样做，是不是？"

塔莎："是的。"

妈妈："我们不敲了，因为那样做不对。你想画画吗？妈妈有笔。或者，如果你想出去走走，妈妈和你一起去。想做什么就告诉妈妈。"

打屁股

如果你用巴掌来惩治淘气的孩子，他迟早还是会重复犯错，因为你并没有告诉他怎么做才是对的。打屁股无法教会孩子该做什么、不该做什么，而只会导致他哇哇哭闹，并且从此相信谁的力气大谁就说了算。

这种教育方法暂时确实有效，但为此付出的代价值得吗？小时候被打的孩子在成人之后很可能会对他们的孩子沿用同样错误的教育手段。在第四章中，我将详细分析打孩子的长期危害。

把孩子送回房间关禁闭同样是错误的方法。家长认为是在给孩子一个教训，而所有的孩子却都在想妈妈是这么的不通人情，以及等会儿在房间里可以玩什么玩具——或者祈祷上帝给自己换个更好的妈妈。

如果孩子被父母过度地控制（包括行为上和情感上），他会渐渐养成以下两种对待事物的态度中的一种：一种是不当回事，这样的儿童将变得善于压抑自己的感情；另一种就是叛逆，这种孩子可能会在私下里伤害无辜的同伴、兄弟姐妹或者宠物，长大以后，他们还喜欢操纵别人。

我们都希望孩子长大以后能够善于与人交往，待人有同情心。而打屁股、威胁、贿赂和奖励都是饮鸩止渴式的教育手段。你对孩子喊叫动粗，他们也会对别人喊叫动粗。父母是孩子的第一个也是最有影响力的老师，因此要以身作则，学会尊重孩子的不同想法和感受，你可以约束和管教，但不要使用暴力。

相信情感引导的家长认为，教育子女是一项需要学习才能掌握的技能，他们会阅读育儿的书籍，参加家长培训班，或者在孩子难以管教的时候咨询朋友的意见。我还从来没遇到哪位父母是真的喜欢打孩子的。

抱有不切实际的期望

我常常看到下面这种情景：父母带着两岁的孩子到饭店吃饭，孩子的不乖让他们不胜其烦。让我告诉你，这个年纪的孩子是肯定不会听话的——这个要求超越了小家伙的能力！家长必须要带上玩具并准备好游戏，让孩子能在餐桌上玩，要逗他开心，还要不时带他去外面走走。关键是父母要包容年幼的孩子,而不是让孩子来顺从父母的心愿,因为处在这个发育阶段的孩子还不会顺从父母的心愿。

那些期待孩子能老实坐着的父母不断地叫喊:"住手!我叫你停止!"——这和放任型父母恰好相反,后者任由他们两岁的孩子在餐厅过道里撒野,二者都是错误期望的典型范例。面对同样的场景,这两种父母的期望一个过高、一个过低。任何人都不应该指望两岁的孩子能在一个小时的晚餐中一直老实坐着,这个要求太高了。家长应当知道,他们最多只能得到十五分钟或者二十分钟的安静就餐时间,所以最好接受这个事实并感到知足。包容孩子实际上是种乐趣,因为你总是知道会发生什么事情。

从你开始考虑参加某项活动的那一刻起,例如一场公园音乐会,你就得接受你的两岁孩子不会让你一直看完的现实。所以尽情享受那开始的二十分钟吧,能听多少就听多少,然后就打道回府。如果你能做出符合现实的期望,生活会变得更加愉快。

某个爸爸对他四岁的儿子有很高的期许,可是每当十七个月大的妹妹弄坏他的玩具时,儿子都会打她。父亲认为儿子早就应该懂事了,所以他每次打妹妹,都会被罚暂停活动。显然,我们可以得出结论,这种惩罚没什么效果,因为男孩仍然在打妹妹。这个做哥哥的受到惩罚以后会怎么想呢?可能他会觉得自己不受重视,而且不能也不该表达自己的沮丧和愤怒。孩子往往不善于控制情绪,所以当他们感到过于沮丧的时候,可能会通过攻击他人来发泄。尽管四岁的孩子看起来已经是小大人了,但实际上他们还不是。在孩子上小学之前乃至之后,都需要父母对他们加以引导。在这种情况下,爸爸应该承认,有个不懂事的小妹妹确实很麻烦,但同时也必须说清楚:"她这样做是很讨厌,我知道和比你小的孩子玩确实很困难……但我们绝对不可以打人。和妹妹好好说话，下次她再弄坏你的玩具就马上叫我，我来帮你解决。"

家长们还对另一件事情抱有不切实际的期望——如厕训练。你认为孩子到了某一个时期就应该学会自己上厕所，为达到这个目标，你可能会采取贿赂、奖励、恳求甚至惩罚和威胁的手段，然而你会发现它仍然不会按照你的时间表来发生。结果无论是你还是孩子都会觉得压力很大，你会失望，而孩子则会感到羞耻。

这种无休止的尿尿难题往往导致家长们神经紧张，总在担忧并频繁地检查孩子的裤子。实际上，父母根本不需要制订不切实际的如厕时间表，因为只有孩子自己才知道每隔多久他的膀胱需要释放一回。尽管让你的孩子穿上开裆裤吧，他们迟早会有办法将它脱下来。就算我的儿子一直到初中还要穿开裆裤，我也完全不介意，来自同龄人的压力自然会让他改正过来。实际情况是，如果孩子们准备好了，自然就会去使用便盆，这通常是在三岁左右的时候，这个问题我们将在后面的章节中详细讨论。

如果你把自己的问题和期望强加给你的孩子，教育子女就不再是一个有趣的过程了，你会让自己和孩子都变得焦虑。而当你面对现实的时候，会发现为人父母不是那么困难，甚至是很享受的事情！

无视孩子的天生性格

如果你能多了解自己和你的孩子的话，很多难题都会变得更容易解决。解决这些难题的秘诀就是预防。例如，如果你知道你的孩子对适应变化感到格外困难，就可以制订一个策略来照顾他的特殊需要。

如果你的孩子和其他孩子在一起时容易过于热情，你可以鼓励他尊重别的孩子的私人空间,当他们不听他的话时,也不要推搡或者打人,而是来找爸爸妈妈解决问题。根据孩子的个性进行教育会奠定他成功的基础。如果你能让孩子以积极的态度回应你的教育方式,同时还能种下良好行为的种子,那么你和孩子之间就不会总在斗争。

吉尔的女儿蒂芬妮在到别的小朋友家做客时总是比较慢热。她常常要在妈妈身后躲上十五分钟,然后才肯试着和小朋友接触,这让吉尔有时会颇感尴尬。但她能充分理解孩子的这一特点,所以她从不要求蒂芬妮立即和小朋友们打成一片——她知道,这种压力很有可能让孩子难以承受。吉尔会提前和女儿说,妈妈知道马上和小朋友熟悉起来是很困难的事,但如果她愿意的话妈妈会帮助她。吉尔还告诉女儿,妈妈要和其他大人谈话,所以不能一直陪着她玩。吉尔的这一策略充分体谅了蒂芬妮慢热的性格,避免了引发孩子不必要的焦虑。

能解决孩子的所有问题的万能教育方法是不存在的。父母必须自己判断哪种方法最适合你和孩子。如果你能意识到自己的性格和脾气也在左右你的决定和选择的话,将有益于你更好地了解孩子。当你发现教育子女的奥秘有一半取决于孩子本身的性格的时候,你会因此而放松心态。当然,另一半则要仰赖于你的教育技巧。

教育子女如同进行投资,我们所有的努力都是为了确保他们能健康成长,投资的回报会在眼前和未来慢慢兑现。你应该多陪孩子玩,给他支持和理解,关心他的需求,但最重要的还是聆听孩子的心声。良好的亲子关系会鼓励孩子学会和别人相处与合作——这对于他们日后成为健康的成年人来说是再重要不过的因素了。

闪电妙语小贴士

当你管教孩子的时候，请自问：

"我有没有否定、忽视或者轻视孩子的感受？"

"有没有用打击孩子的方式惩罚或者教训他们？"

"有没有用消极的办法驱动他们？"

如果你的任何一个回答是肯定的话，请修改你的策略并思考替代方案，让你的孩子也分享一些掌控权。

第二章 情感引导的重要性：
奠定父母与孩子一生的亲密关系

> 为人父母的生活里充斥着数之不尽的小意外、循环往复的矛盾和亟待解决的突发事件。我们都宁愿相信，只有心理变态的父母才会用损害孩子的方式去解决问题。遗憾的是，即使是充满了爱和善意的父母，也免不了对孩子进行责备、羞辱、指责、嘲笑、威胁、贿赂、否定、惩罚、说教和宣讲。
>
> ——海姆·G.吉诺特（Haim G.Ginott），
> 《孩子，把你的手给我》（*Between Parent and Child*）

克尔顿的父母对他从小就进行情感引导，对他的各种情绪都给予了体谅和包容，这使得克尔顿逐渐成长为一个心智非常成熟的四岁孩子。一天，克尔顿正在公园里和几个孩子一起玩，他们不停地推着玩具绕圈跑，玩得不亦乐乎。这时，一个还在蹒跚学步的小女孩闯入了他们的游戏路线，结果两个男孩子居然把他们的玩具直接从她的脚上压了过去。受了伤的小女孩一时间呆住了，惊吓过后开始大声啼哭起来，可两个始作俑者却一副若无其事的样子。小女孩的母亲闻声赶来。

这时，克尔顿走到了这位妈妈面前对她说："我为我的朋友这样做感到很抱歉！他们甚至没有停下来避开她。"

稍后，这位妈妈走过来对克尔顿的母亲说："我想和你谈谈，那边穿蓝色衬衫的孩子是你的儿子吗？"她指向了克尔顿。

克尔顿的妈妈感到十分意外，因为还从来没有人向她投诉过儿子的行为。但她转念一想："凡事都有第一次。"于是回答说："是的，他是不是做错了什么事？"

小女孩的妈妈说："我还从来没遇见过一个孩子像他这样为他人着想。你的儿子刚才替他的伙伴们向我道歉，所以我想要感谢你教育出这样一个好儿子，他真让我刮目相看。"

在情感引导下长大的孩子会待人如待己。当他们看到某个小朋友把牛奶弄洒了或者把玩具弄坏了的时候，他们会感同身受。所以当克尔顿看到啼哭的小女孩时，他的同情态度一如他的父母对待他的方式。我很欣慰地看到克尔顿的父母能够这么快就获得了周围人对他们教育成果的肯定。克尔顿甚至还没到上学的年龄，生活在同一社区的人们就已经对这个四岁孩子的同情心给予了肯定。

为什么要进行情感引导？

情感引导不仅能帮助你的孩子学会认识、表达和调节自己的情绪，还有助于提高他的语言表达能力。掌握了丰富的情感表达词汇的孩子会较少耍脾气或者用行为来发泄情绪。

情感引导还可以促进你和孩子之间的沟通，加深你们之间的感情。

在你的引导下，孩子将学习到宝贵的社交技能，以及如何照顾别人的情绪，他还会学到如何结交新朋友，并和他人愉快地相处。

情感引导会为你的孩子打造一件"保护盔甲"，在逆境时庇护他——让他能够更快地从消极的情绪和经历中恢复过来。情感引导会让孩子学会忍耐，让他们知道快乐来之不易，同时还能提高他们控制冲动行为的能力。获得情感引导的儿童在学校里学习更专心，也学得更轻松。

你的孩子会通过情感引导认识到沟通、尊重和交流对于增进感情的重要性，所以在他们成年之后也就更能理解和安慰他人的情感。在合适的时机到来时，情感引导会让你的孩子也成为富有同情心的父母。

来参加我的培训班的家长们都希望能够学到崭新而又积极的教育方法，因为他们常常对子女的行为感到束手无策。我的培训目标是帮助父母培养出坚强、合作、有责任感且善于调节自己情绪的孩子。通过我的课堂，家长们会掌握到教育子女的新策略，使他们无须再无休止地跟孩子斗争或者因为绝望而甩手不管。我也会提醒家长们，真正的成功是父母和孩子的双赢。

建立情感的纽带

情感引导的关键在于你和孩子之间的亲密程度，这是你们所有互动的前提条件。在前一章中讨论过的四种常见的误区，就是由于家长只注重纠正孩子的不良行为而忽视甚至伤害了正在构建中的亲子关系造成的。

父母与孩子的每一次互动都会对彼此之间的关系产生影响，不是加深就是削弱。互动的过程也是家庭中权利和责任进行分配的过程，不是一方被另一方所制伏就是亲子之间分享权力，不是父母来承担全部的责任就是允许孩子也分担责任。总而言之，父母要重视沟通的艺术，寻找良好的互动方式。在对孩子的行为做出回应之前，父母都应该问自己："我即将要做的事情和要说的话会不会增进我们之间的感情，并且有助于他在现在和未来做出更明智的选择呢？"

> **孩子们真正看重的是和你在一起的快乐时光！**
> 一个被父母当作小麻烦的孩子，即使是有饭吃、有衣穿、有人管，也不一定会觉得自己是被关爱的。真正能让孩子们感到受重视的是和父母单独相处而不被打扰的时间。据统计，父母每天和孩子的谈话时间平均只有十二分钟，还多半是对孩子的负面评论。这种状况必须改变。父母应当努力投入更多的时间与孩子共度快乐的时光，并给予他们积极的影响。

孩子在不乖的时候更需要父母的指导和支持。正在耍脾气的孩子的确非常棘手，但是如果家长也因一时冲动而大发雷霆的话，就会伤害到亲子关系。其实，我们只需要花上几分钟的时间，就可以弄清楚孩子真正的要求。父母应当事先种下正确的种子，换句话说，就是提前告诉孩子你的期望是什么，这样可以帮助孩子调节和控制某些情绪，起到预防的作用。当孩子情绪激动的时候，家长最好正视他们的感受，忽视或者轻视都只会令孩子感到沮丧和被误解。想要通过孩子的行为来弄清楚他们的感受可不是一件容易的事情，因为你自己也会有脾气。但是，倘若忽视孩子的感受，只会导致他们认为表达感情是毫无意义的——而我们都知道事实并非如此。

让我们来看一个例子。当萝拉因为一个孩子抢走了她的玩具而发脾气的时候，她的妈妈并没有责骂她，而是深吸了一口气，对女儿说："你好像生气了？你需要妈妈来帮忙吗？"这样一来，萝拉的妈妈就等于是教会了女儿一个新的情感词汇——生气。她会因此而学会如何识别自己以及其他人的类似感受，同时也看到了妈妈在支持和指导着她，这巩固了她们母女之间的情感。

这位母亲通过接受孩子的情绪变化，让女儿知道了自己和自己的感受都很重要，值得妈妈为之付出时间和精力。萝拉将因此懂得接受自己的情感，并开始通过适当的方式表达。家长的急躁和冲动是得不偿失的行为，不仅会导致孩子因为得不到支持而变得封闭，甚至会危及亲子关系。多花一点时间来引导孩子是非常必要的，这将有助于孩子建立自信心和提高社交能力。

陪孩子一起玩的重要性

相处和亲昵对于增进亲子关系至关重要！父母和子女相处的方式有很多，其中最好的一种就是陪孩子一起玩。因为玩耍不仅可以释放孩子的能量，还为父母提供了走进孩子世界的契机。儿童通过玩耍来排遣内在情感和处理他们小小世界里的各种烦恼。花时间和孩子一起玩，父母将会加深对孩子情感世界的了解。

我喜欢和儿子们一起玩。这让我更深切地理解他们的生活，并给予我参与其中的机会。例如，有一次我三岁的小儿子抢走了他哥哥的玩具。大儿子很生气，开始冲着小家伙大喊大叫。当时，我可以用责备或者教训的方式介入，那样确实可以速战速决，但我也可以选择和两个儿子谈一谈，让每个人都满意。

儿子们:"给我那个玩具,呜!住手!妈妈,他欺负我!"

妈妈:"哦,孩子们,看来大家都不高兴。任何人没有经过我们的同意就拿走我们的玩具都让人生气,不是吗?"

大儿子:"是的,那样做很讨厌。"

妈妈:"你还有没有什么玩具可以让你的弟弟玩呢?如果没有,我可以带他去别的房间,你想好了怎么办就告诉我。(然后我过去和三岁的小儿子坐在一起)我知道你喜欢玩哥哥正在玩的玩具,但是他还没有玩完呢。我知道你也很生气!也许他过一会儿会借给你玩。来吧,妈妈给你拿些饼干和果汁。"

大儿子:"好吧,他可以玩两辆卡车,但只能玩一辆火车……"

一旦孩子看到大人尊重了自己的意见,他们心里的不满和对立情绪就会减弱。给孩子表达自己情绪的权利,会让他们感觉自己受到了重视,而一个受到重视的孩子更愿意与人和睦相处。

提供选择

虽然条件和规矩都是由父母来定,但我们还是可以尽可能地为孩子提供一些选择的机会。适当赋予孩子选择的权利,能够训练他们的独立性,以便父母不在身边的时候他们能自己做决定。给孩子选择的机会等于在对孩子说你重视他们的意见,这会增强他们的自信心。

妈妈:"请把鞋子穿上。该上车去奶奶家了。"

孩子:"不,我不去奶奶家。"

妈妈:"你好像在生气。你觉得在家比在奶奶家好吗?"

孩子："是的！我爱我的家。"

妈妈："我也是。我也爱我们的家。"

孩子："我要留在家里。"

妈妈："我也想和你一起留在家里。我真希望我们能在家里待上一周！但是，奶奶会想念你的，妈妈的工作也会想念妈妈的！"

孩子："但我不想穿鞋子。"

妈妈："我可以帮你穿鞋，你也可以自己来。"（给孩子足够的时间去考虑。）

孩子（喘着气，极力想要行使权利）："那你来给我穿吧！"

妈妈："谢谢你帮助妈妈。今天你能不能在奶奶家给我画幅画呢？你最喜欢什么颜色？"

与其在孩子不听话的时候威胁或者拒绝他们，不如把这当作和他们拉近距离与增进了解的好机会。学习调节情绪对孩子来说是个循序渐进的过程，他们需要依靠你来引导他们化解各种不愉快的情绪。

同情的力量

我的课程核心和情感引导的成功基础都是同情。同情其实很简单，就是感受孩子的感受。情感引导就是让家长把自己放在孩子的位置上去感同身受，然后再做出恰当的反应。

撇开自己的情绪

对父母而言，同情遇到的最大阻碍也许就在于要同时控制自身的情绪和反应。你如何理解、体会和表达自己的感情必定会影响到你理解他人的方式。而文化、性别和家庭背景等都会影响到你对自己感情的处理方式。

　　同情的威力是巨大的，尤其是在孩子情绪低落的时候。例如，你因为外面太热而不让孩子出去玩，他因此而生你的气，迟早会发泄出来。最具有同情心的反应是抑制住你自己心里的怒气，对孩子说："我知道你因为爸爸不带你去外面玩而生气，你一定非常难受。我很抱歉。你想玩点别的游戏吗？"

　　你是在传递一个信息，就是即使是孩子也有权利生气。更重要的是，通过陈述孩子的感受，你可以帮助他扩充现有的情感词汇量，同时你也在告诉孩子，生气也是一种可以控制的情绪。

　　在适当的情况下同情孩子的感受，能够让任何消极的情绪都很快过去，这远胜于你用转移孩子注意力的策略或者出于对孩子感情的轻视而对他说："行了，有什么好生气的！你整天都在外面玩，别不高兴，在家一样有好多事情可以做。"上述两种处理方式都只会让你的孩子更生气或者让他困惑于自己的感受。

如何在日常生活中给予孩子同情

　　有天晚上，我的大儿子不想去洗澡，而且非常大声地抱怨。我那天非常累，而且还有无数的事情等着我去做。我的神经再也受不了这种刺激了。我冲出客厅直奔卫生间，猛地拉开了浴室的门。我的大儿子正站在那里，又伤心又疲惫，号叫着："妈妈，妈妈……"

　　我真正想脱口而出的话是："马上给我停止抱怨！妈妈正忙着做晚餐。快点洗澡，而且只许用正常的声音说话。"不过，这样做的话等于是在和孩子叫板，我不想那样，如果我放纵自己的冲动的话，只会让紧张的局面进一步升级，从而引发更多的麻烦。

就在打开浴室门的那一瞬间，我看到了戴在手上的那条粉红色的同情提示腕带。腕带上印着的同情二字时刻提醒着我，在孩子的生活中最需要的关爱就是同情，它提醒我必须冷静下来，试着同情孩子的感受。于是我深吸了一口气，决定拿出几分钟时间来进行情感引导。

我："亲爱的，你看起来真的很疲倦。你是不是太累了？"

儿子："是的，妈妈，你能给我洗澡吗？"

我："我知道你喜欢妈妈给你洗澡，特别是在像今晚这么累的时候，但妈妈必须去把晚餐做完。请你快快把澡洗完，因为妈妈不能在这里陪你。我很抱歉你这么累还得洗澡，但你真的弄得很脏。赶快去把澡洗完，然后下来吃饭，亲爱的。"

儿子："好吧。"

回到厨房，我很庆幸自己没有忘记发挥同情的威力。没有哪个父母是完美的——这就是为什么我要发明同情腕带，因为当教育孩子遭遇到困难的时候，即使像我这样的专家也需要提醒自己暂停一下，三思之后再用同情的方式对待孩子。

了解孩子的性格

在展开情感引导之前，还有一些重要的因素要牢记。父母首先要认识并了解孩子的个性和他们在平日里的正常表现。有些孩子天生比较活泼和喜爱自由，有些则害羞和内向一些。一个孩子的异常行为，换成其他孩子可能就是正常行为。作为家长，你是最了解孩子的人，应该根据孩子的特点来调整你进行情感引导的方式。

我的大儿子做事很专注，而且愿意听从指挥。如果我要求他必须在五分钟之内把东西收拾好，完全可以放手让他去做。而我那外向且精力充沛的三岁的小儿子就完全不是这样。他根本不听警告，我必须走到他身边，把手放在他的背上，近距离地和他说话。他的注意力是分散的，所以我必须面对面地提醒他。无论哪一个儿子抗拒或者抱怨，我都会在阐明要求和设定限度的同时对他们进行情感引导。

成功的情感引导也意味着你要处理自己的情绪。了解什么样的情况容易挑起你的愤怒，可以帮助你提前做好准备，避免让自己的情绪成为教育的障碍。

要认识不同的发育阶段

了解孩子所处的发育阶段是情感引导的一个重要前提，它能让你避免设定不切实际的期望。一旦满足了这个关键条件之后，你就可以开展情感引导了！

如果你的孩子是两岁或两岁以下的话，转移注意力通常是最有效的手段。举例来说，因为户外太热，所以你的孩子因为不能出去玩而生气，你不妨先对他表示同情，然后再试图把他的注意力转移到别的事情上去。

为了达到转移注意力的目的，你可以说："我知道你很喜欢在院子里玩，不想待在家里，但我们现在只能留在家里，让我们去找你的小木马好吗？你看，原来它在这里啊！"你也可以问孩子有没有什么特别想玩的玩具或者特别想读的书，这可以让他逐渐学会主动思考解决问题的办法。

我最不能容忍的事情就是儿子擅自离开我的身边，那会让我立刻火冒三丈。我的大儿子一直非常听话，即使他不同意我的某项要求，也会和我商量着解决。不过，我那个天不怕地不怕的小儿子却总是在该吃饭或者该洗澡的时候满屋子乱跑。

自从我意识到小儿子不会因为妈妈是一名儿童心理专家就乖乖听话之后，我心里就感到平和多了，因为我明白了他不过是和所有同龄的正常孩子一样爱疯爱闹罢了。无论我有多么生气，我都会先冷静一下，绝不会在房间里冲他大喊大叫："你给我过来！"我只会用实事求是的语气告诉他，等他跑够了，就过来帮助妈妈。我对他喜欢被人追逐表示理解，然后问他需要多长时间。他通常的回答是："一个长长的一分钟。"当他旋风一般疯跑过后，我会给他一个警告："你可以选择让我过来抓住你，也可以自己主动去洗澡。"我让他自己选择。大多数时候他会自己去，其余的时候则由我抱着他或者温柔地推着他去洗澡。

随着孩子逐渐长大，你可以鼓励他自己想办法来解决问题或者应对挑战："既然我们不能去外面玩，你想要做什么呢？"如果他的回答是"我想不出来，家里没有什么好玩的事情可做"的话，你可以把这当成是表达同情的好机会，先给他一些思考的时间。你可以说："我看你还在生气。什么时候你愿意想办法了，就告诉我。"如果他请求你的帮助，你可以提供一些建议，但也要让他自己想出一些来。你这是在尊重他的想法，让他知道你不会因为他发表意见而讨厌他，无论他是生气还是沮丧，你都会陪在他的身边——这会让你们之间的关系更加亲密。

情感引导的关键步骤

随着不断地实践和努力,情感引导将成为你的第二天性。让我们回顾一下公园里的那个富有同情心的小男孩克尔顿吧!他的父母究竟是怎么教育他,才使得他能够如此体谅别人的感受呢?以下是他的父母遵循的步骤,对他们而言,这是"习惯成自然"的教育方式。

播下种子

播下种子是要提前让孩子知道,在特定的情况下会发生什么事情,以及你对他的要求是什么。如果事先知道要求是怎样的,孩子就更有可能合作。

每次我和丈夫打算带孩子们出去吃晚饭的时候,我都会在早上就提起这个话题。我会告诉孩子们:"今天晚上爸爸妈妈要带你们去饭店吃晚餐,你们明白我们要去做什么吗?也就是说,我们一家人要在包间里坐在餐桌前吃东西。所以你们不可以大喊,也不能乱跑哦!"就像这样,简单的解释可以让他们为接下来的活动开始做准备,让孩子们知道在饭店里什么事情可以做,什么不能做。我们还会带上一个玩具包,里面装着各种可以在餐桌上玩的有趣的东西。

在乘车去饭店的路上,我会再次提醒孩子们:"我们现在要去吃饭喽!也就是说我们要坐在包厢里安安静静地吃饭,不可以到处乱跑,也不能大吼大叫。"

我还会在进入饭店之前提醒我的小儿子:"我们就要进饭店吃饭了,你还记得我对你说过的话吗?"坐下之后,我们会对孩子们这样讲:"这里可真棒啊!我们马上就会吃到一顿美味的大餐。"然后我们会分给每个孩子一个玩具,并和他们做互动游戏来吸引他们的注意力。一家人出去吃饭不就是为了享受一下吗?所以我们尽可能地让孩子们也觉得舒服,在必要的时候包容他们的请求。但最重要的是,我们要提前种下合作的种子。

观察和判断

观察和判断的本质是关注。你需要关注孩子的行为——观察他在什么情况下最容易烦躁、吵闹或者沮丧?孩子的个性是怎样的?什么样的事情最让他不满?当然,这些诱因会随着孩子的长大而改变。两岁时会让他烦恼的事情将不再困扰四岁时的他,因为他已经具备了更加成熟的应对能力和更加坚强的忍耐力。

如果你知道某个玩具会让孩子遇到难题的话,一定要陪他一起玩。观察他如何想方设法地去弄明白,并在他需要的时候提供帮助。不要直接告诉他答案或者干脆代劳,而是要引导他去掌握方法。你可以示范,但一定要给他自己动手的机会。仔细观察你的孩子并了解他的个性,这有助于你预测何时可能会面临挑战,并提前做好准备。

观察的目的还在于体察孩子的需要。例如,他是不是饿了、渴了、累了、热了、冷了或者过度兴奋了?不乖的行为往往是孩子表达这些基本需求的手段。一旦满足了这些需求,孩子很快就会恢复正常。

聆听

我们都希望自己能够认真听取孩子们的意见。聆听似乎是一件很容易的事情,也没有人质疑它的重要性。然而根据我在幼儿园就职时所了解到的事实,许多成年人都声称他们在聆听,但实际上他们的注意力过于分散，并没有真正注意孩子们在说些什么。

很多压力过大的家长确实如此。如果你愿意尽最大的努力去认真倾听和理解孩子们的想法的话，他们其实会非常耐心地讲给你听。更加幸运的是，倘若你有哪一次没有聚精会神地当个好听众，孩子们是一定不会忘记提醒你的。例如：

儿子（正在读书）："你能来看看这个吗，妈妈？这不是国王，他应该是个王子。"

妈妈（在洗碗）："对，是个国王。"

儿子："哦，你根本没在听。算了吧！"

妈妈："我就在你身边，我在听，亲爱的。"

儿子："我知道你在这里，但我觉得你没有认真听我说话。"

聆听的能力对于情感引导而言至关重要。听年幼的孩子说话和听成人说话有所不同，你需要同时用你的眼睛和耳朵去关注他。你甚至可能需要蹲下来和他的视线齐平，以便能直接和他进行眼神的交流，让他知道你确实在专心致志地关注着他。此外，良好的聆听不仅意味着要注意孩子所说的话，也包括观察他的肢体语言。

阿黛尔·法伯（Adele Faber）和伊莱恩·玛兹丽施（Elaine Mazlish）[1]合著的具有开创性的著作《如何说孩子才会听，怎么听孩子才肯说》（*How to Talk So Kids Will Listen and Listen So Kids Will Talk*）中有这样一

---

1 阿黛尔·法伯（Adele Faber）和伊莱恩·玛兹丽施（Elaine Mazlish），国际著名亲子沟通专家，美国最畅销的亲子教育系列丛书的作者。这里提到的这本书写的是她们二人在其创办的学校和研究所里长期与父母们一起进行实验的研究总结。

句至理名言:"先听后说。"

体察并理解孩子的感受

当孩子遇到让他情绪激动的状况时,或者在他表现不好的时候,他最需要你去接受并回应他的感受。想要分辨孩子是否在借用不乖的行为来发泄情绪可能有点困难,因为正如我之前提到的,你自己或许也正在因为孩子的不合作而闹情绪。无论在何种情况下,你作为情感引导者的责任都是要帮助孩子认识自己的感受。

比方说,当你的孩子因为有人对他恶言相向而红着脸哭鼻子时,你有两种方式可以处理这种情况:一种是不把孩子的感受当一回事,立即试图说服孩子不要去理睬别人说的话;另一种是承认并接受他的情绪:"我知道你在生气。你需要爸爸的帮助吗?"这样说可以帮助他扩充情感词汇量,他很快就会记住,内心的这种感觉原来就叫作生气。他还由此得知人们在生气的时候就是这个样子,渐渐地他便能够判断别人的情绪了,他也会知道如何应对自己的情感。父母应当鼓励孩子把自己的感受说给其他孩子听,但绝对不能允许孩子把情绪发泄在另一个孩子身上。父母只能鼓励孩子用语言去表达,并给他们示范该如何去做。

同情

同情的力量是惊人的,特别是当孩子经历消极情绪的时候。如果你能把自己放在他的角度上去思考,而不是轻视他的感受或者试图转移他的注意力,这种消极情绪会更快地消失。当我感到有人理解我的时候,我就不会那么有敌对情绪,也更愿意和人交流。儿童和成人在这点上并没有什么不同,当关爱我们的人聆听和理解我们的时候,我们同样会感到安慰。

情感引导的其他注意事项

概括地说，经过情感引导的孩子都知道，任何一种情绪都是重要的、具有影响力的。这些孩子长大以后会更加坚强，并对自己的沟通能力更有信心。

让你的言行保持一致

情感引导最关键的事情之一就是要注意让你的肢体语言和你的话语保持统一。当孩子把牛奶洒在地板上的时候，如果你一边叹气一边言不由衷地说"没什么大不了的"，同时却又带着怒气擦拭地板的话，你的口气和肢体语言显然和你的语义不一致，孩子会觉察出你言行之间的矛盾，并为之困惑。为了有效地进行情感引导，你的言行必须是和谐统一的。

我的大儿子很敏感，而且非常善于判断他人的情绪。有一次，我和丈夫发生了小小的不愉快，我的儿子问我："妈妈，你高兴吗？"我说："亲爱的，我很高兴。"并试图继续隐藏我因为和丈夫争吵而燃起的怒气。我的儿子接着又说："可你的表情和动作都不像是高兴的样子啊！"可见，受过情感引导的孩子通常善于捕捉语言和肢体上流露出来的蛛丝马迹。

让孩子知道大人会帮助他们

教会孩子们说"帮助"这个词，可以大大地减少尖叫和牢骚的次数。对于年纪太小还不具备必要的语言表达能力的孩子来说，尖叫是获得大人注意的首选方式。通过教你的孩子说"帮助",他会用这个新词来取代尖叫。

随着孩子的成长,他们有时候不确定在什么情况下应该找谁帮助,所以你一定要让他知道你和其他的大人都会帮助他。例如,你可以告诉他:"妈妈在这里,妈妈随时都会帮助你的。"这种提醒会让他们在需要的时候知道来找你。当孩子们掌握的词汇尚且有限的时候,会很容易冲动,所以在这种时候要特别鼓励孩子动"口"而不是动"手"——在需要的时候应该去找大人帮助。

为了扩充孩子的情感词汇量,你要在他请求帮助时态度始终如一。别忘了发挥你的各方面技能,包括观察、倾听、辨别情感,跟孩子反复说"帮助"这个词,然后再给予他们帮助。要知道,这些棘手的情感状况,正是你和孩子增进感情的绝佳机会!

当孩子情绪激动的时候,没有什么比被他们所爱的人理解和帮助更能让他们感到满足的了。这样做将会巩固你和孩子之间的感情。你越是坚持这样帮助孩子——或者和他们齐心协力完成一项工作,或者给予他们情感引导——你的孩子就会越发把你当作一个可靠的盟友。同时他们也会更好地知道该如何运用你教给他的技能,因为他们会不断地观察和学习,并效仿你的行为。

情感引导实践

情感引导会随着时间的推移和练习而变得更加容易。它的前三个要素——播种、观察和判断、倾听——将很快成为你的第二天性。你将会更好地给予孩子理解和同情,并让他积极地动脑寻找解决办法。当你坚持把成为最好的情感引导者当作自己的目标而努力的时候，如同其他技能一样，情感引导也会熟能生巧！

何塞和他的倔强女儿的故事

何塞有个四岁的女儿叫玛丽，她正在经历一个非常叛逆的时期。她对父母的任何要求的回答都是："现在不行，现在不行。"一个三岁的孩子顶多只会说不，但四岁的孩子更加独立，他们拒绝的方式也更高超。何塞对我们说："当我的女儿顶嘴的时候，我觉得她欠缺管教。要知道，我是她的父亲！我说什么她就应该做什么，不是吗？"

我很理解何塞的感受，没有人喜欢被孩子顶嘴或者彻头彻尾地拒绝。我建议他朝着共同承担责任这个方向去做一些尝试，这意味着父母在严格约束孩子的同时还要抱有同情之心，既要让孩子知道该做什么，又要指导她怎样去做。有时候，既要严格约束又要给予支持是非常具有挑战性的，但我还是鼓励何塞去勇敢尝试。

一个星期之后，当我再见到何塞的时候，我问他："昨天晚上你遇到了什么样的难题？"他告诉我："玛丽又拒绝洗澡，而且是断然拒绝。她除了不停地说'不、不、不'之外再没有别的话。我给她玩具，还给她示范那是多么有趣的东西，可是都没用。于是我告诉她，如果不洗澡就没有故事听，她仍然不听。到最后我还是只能抓住她，强行把她带到浴室里去，而她则没完没了地尖叫。"

接下来我们一起讨论了可以消除这种对立的方法：

练习播种。预防是关键。何塞应该在洗澡的时间到来之前播下合作的种子。他可以在游乐场告诉女儿："玛丽，今天晚餐过后你要洗澡。你能不能在我叫你去洗澡的时候，自己主动进浴缸呢？"这永远是防止对立的第一步，事先提醒会减少孩子的抵触。

也许玛丽还是会坚决反对洗澡，她可能会挑衅父母的权威甚至直接反问："为什么我不能不洗澡就去睡觉呢？"

何塞可以给女儿解释说："我们只有干干净净才能不生病，所以我们要经常淋浴或者泡澡。尤其是我们在外面玩的时候会把身体弄得很脏，所以必须得洗澡。"何塞做出这样的解释就足够了，至少他认真聆听了女儿的意见，也回答了她的问题。

这也是一个表达同情的好机会。何塞还可以对玛丽说："我知道，有时候把自己弄得脏兮兮的很好玩——就像我们去郊游和露营的时候。虽然那样做很有趣，但我们不能每天都那样做，所以今晚你必须去洗澡。"

观察和判断。我建议何塞当天晚上回家的时候首先进行观察和判断。当他看到玛丽正在开心地玩她的波莉口袋娃娃时，就知道她肯定不愿意被打断。如果直接命令她去洗澡，肯定会遭遇很大的阻力。即使何塞提前播种和表示同情，最终他也只能给玛丽提供两种选择，因为洗澡是不能回避的事情。但是如果给孩子选择的机会，会让他们感觉拥有了一部分的权利或者能够参与决策。例如，何塞可以问玛丽是更愿意带着玩具去洗澡还是不带玩具。但有一点何塞必须始终坚持，那就是如果白天弄得很脏，晚上就必须洗澡。他需要做的就是给予同情，然后提供两个选择或者给孩子自己思考解决办法的机会。

何塞对玛丽说："我知道让你在玩得正开心的时候停下来去洗澡很困难，换了是我也会不想走开。我也知道洗澡有的时候是件苦差事，但我们必须洗干净，因为我们不能脏兮兮地上床睡觉。玛丽，你说我们该怎么办呢？"

玛丽："我不知道。反正我要和波莉玩。我不洗澡。"

何塞："洗澡时间已经到了，就像我们之前所说的，我们得去洗澡了。也许波莉可以和我们一起去，让她看着你洗澡。"

玛丽："不，爸爸，波莉在她的房子里很开心。她不想去看洗澡。"

何塞："我明白了。波莉喜欢她的房子，但是她的浴缸在哪里，我怎么没有看到呢？"

玛丽："她没有浴缸，如果我必须洗澡，她也必须洗！"

何塞："也许我们可以给她做一个浴缸。我们用什么来做呢？嘿！一个杯子怎么样？我们把波莉放进一个杯子里，就像你在浴缸里一样，等稍后我们再给她做一个真正的浴缸。"（何塞正在帮助玛丽思考解决办法。）

玛丽（一边说一边高兴地朝浴缸走去）："好的，我要拿一个杯子！"

尊重是对孩子最好的鼓励。何塞没有直接告诉他的女儿应该做什么，而是让她自己来做一些决定，这样就解决了父女之间的斗争，更避免了陷入和一个四岁孩子的拉锯战当中。他在约束女儿的同时采取了同情的态度，孩子顺利地理解了他的意思，所以没有抵制地服从了他的要求。

该认错时就认错

你不仅是孩子的情感引导者，更是他们的榜样。当你表现出同情的时候，你的孩子也将学会同情别人。当你解释和谈论情感的时候，你的孩子也因此而懂得情绪是可以控制的，他也会乐于以适当的方式去表达感情。长此以往，他就会懂得如何进行自我引导以及如何寻找问题的解决办法。

在你"扮演榜样"的过程中,要牢记你自己首先是一个正常人,其次才是一位家长,所以难免也会偶尔倒退到过时和无效的教育手段上去。只要能够及时地终止自己的错误行为,并马上修复你与孩子的关系,你的一时不慎和缺点反而会激励你成为更好的榜样。在这种情况下,"低头认错"格外有用。认错意味着你真诚地为自己所犯的错误向孩子道歉。道歉的内容一定要具体,要点明自己的错误所在,并和孩子分享你当时的心理状态和之后的感受。这样,你也向孩子证明了自己并不是十全十美的。

你要让孩子知道,不完美并不是错误,所有的人都会犯错。父母勇于承认错误,就是在用自然和健康的方式来帮助孩子去面对世界的不完美,并指导他们去建立和维持与他人的关系。

就拿我来说,我就没少犯错!每当我特别忙碌或者压力过大的时候,我常常会忍不住大喊:"现在就给我去做!"——但是我马上就会接着说:"我很抱歉对你们用了不恰当的语调,但是妈妈又热又累,我只有在没有办法的时候才会这样说话。我只是希望我们都能按时出发,所以我需要一点帮助。可以请你们帮忙吗?"

当你发现自己因为不堪重负而无法对孩子进行情感引导的时候,首要的是让你的孩子知道,即使是父母也同样会犯错,但你会因为自己的不恰当反应而感到懊悔。孩子们的伟大之处就在于,他们天生富有同情心和宽容心,会竭尽全力地帮助你。孩子们不会同情那些惩罚他们的家长,但如果你是孩子的情感引导者的话,他们就会在你遇到困难和倒退的时候给予你同情。无论你为孩子付出了多少,你都只会从他们那里收获更多。

事实上,有一天你甚至可能会发现,你的孩子已经在情感上和社交能力上超越了你!因为你曾教导过他们如何细心地体会他人和自己的情感,所以他们才能更清晰地判断环境。接受过情感引导的孩子知道该如何分辨是非,他们也更善于捕捉他人流露出来的线索。当你做错了事的时候,他们立刻就会觉察然后当场指出。接受过情感引导的孩子会在父母一时失误的时候帮他们指正。我的儿子就不止一次抓住了我的错误——我从不羞于承认我是一个真实的不完美的母亲。这种清醒的认识让我时刻牢记要脚踏实地!

闪电妙语小贴士

当孩子情绪激动的时候,你的第一反应可能是为他们提供解决方案或者加以管教。但是在这种时候,你更应该除了给予同情之外什么都不做。最好等到每个人都平静下来之后,再和孩子一起探讨解决的方法。通过同情孩子培养起来的感情是一种无比奇妙的感觉,它也是我鼓励各位家长都去尝试的首选策略。

第三章　婴儿期：
开始种下亲密基因

> ……我们的孩子正栖息在巢边。他们扇动着稚嫩的翅膀，叽叽喳喳地叫个不停，并朝我们昂起他们的脖颈。……要知道，这每一次展翅都是一个契机，每一声呢喃都是一条信息，每一次昂首都是一份礼物。
>
> ——玛丽·希迪·柯琴卡（Mary Sheedy Kurcinka）[1]

在孩子出生之后的第一年，父母总是迫不及待地想要看到他们迈入下一个发育阶段。加州大学洛杉矶分校的精神病学和行为学系的教授艾伦·舒尔（Alan Schore）把这个时期亲子之间的互动称为激发阶段（Excitatory Phase）——我们会积极地鼓励孩子去探索、发声和交流，来激发他们的潜能。我们会逗孩子玩，帮助他保持站立的姿势，或者观察他是不是想要去拿某个玩具。我们努力寻找着任何进步的蛛丝马迹，并激发孩子去拓展他所有的技能。

幼儿生命的第二年则主要是在父母的严密保护下度过的。这标志着

---

[1] 玛丽·希迪·柯琴卡（Mary Sheedy Kurcinka），著名畅销书作家，演讲师，注册家长指导师。

激发阶段的结束和限制阶段（Inhibitory Phase）的开始。这个时期的婴儿开始四处活动、爬行，直至学会走路和奔跑。这时的父母们寸步不离地跟在孩子身后，告诉他们：不要摸这个，小心那个，不要去那里，这个小孩子不能碰！既然你已经越来越多地对探索中的宝宝发出口头指令，也就可以开始在这个阶段对孩子进行情感引导了，这个时间大体上是在他们过完第一个生日之后。

你开始影响发育的进程

你在孩子生命的前两年里所做的一切不仅会影响到他现阶段的状况，也将决定他在未来的发展，这是你和孩子建立情感纽带的最关键时期。当你抱起正在哭泣的孩子的时候，他会因此而知道有你在照顾着他；当你抱着他轻轻摇晃哄他入睡的时候，他会因此而感到安全和平静；当你在他遇到挫折和困难后来到他身边的时候，他会因此而知道你对他的重视和关心；当你爱他并珍惜他的时候，他也会因此而学会这样对待别人。

父母在这两年中的所作所为将对宝宝大脑中诸多重要的神经网络产生深远的影响，有可能是积极的，也有可能是消极的。这就是布鲁斯·佩里（Bruce Perry）[1]所说的"得之"（use it）与"失之"（lose it）的概念。一个不曾得到过爱抚、拥抱和柔声细语的孩子是无法和他人正常交往的。即便是在他长大以后，也没有能力维持长期和健康的情感关系。年幼的孩子需要父母来引导他们度过童年的初期，你有两年的时间来完成这项任务。

---

[1] 布鲁斯·佩里（Bruce Perry），儿童创伤治疗专家。

婴儿是如何学习的？

婴儿的大脑拥有比成人更多的神经联结，却远不如成人的大脑那么有效率。随着宝宝大脑的发育，一些没有用处的神经联结会慢慢消失，余下的逐渐稳定并开始自动运转。大脑具有应用所学知识的能力：如果孩子在一个充满敌意和混乱的家庭环境中生活，他们就会优先发展那些有助于适应这种环境的技能；如果孩子生活在一个只有少量的或者根本没有互动的环境里，他们就无法掌握在成年以后必须具备的社交能力；如果我们能给予孩子一个充满爱、平静和安全的环境，他们也会把这些特质融入自身的性格当中并进一步强化。

从神经学的角度讲，你所做的任何事情都会对孩子的大脑产生影响。尽管宝宝生来就已经具备了所有的神经细胞、神经元和突触，足以满足学习的需要，但是他们的大脑仍在发育当中，所以部分地取决于环境对他们的塑造。幼儿期是大脑发育的敏感时期，消极或者有害的体验很不容易被遗忘。当然，即使过了这个阶段，你也仍然可以影响孩子的大脑发育和情感经验，所以用不着气馁——我只是想强调，对孩子的一生来说，最关键的时期就是他们的情感发育开始萌动的时候。

现在你知道自己有着多么大的权力和影响力了，是不是很想为你的孩子做到最好呢？你可以让他们"得之"或者"失之"，就是这么简单。请给予宝宝正常的呵护，教导他如何恰当地表达感情，最重要的，是要无条件地去爱你的孩子。

新生儿不会被惯坏

婴儿不会用语言或者其他直截了当的方法来告诉我们他们需要什么，唯有通过哭泣来传达这些愿望，而我们所能做的就是认真观察他们的肢体语言（微笑、皱眉、流泪、疲惫地揉眼睛等），并慢慢成为一个解读孩子的专家。

六个月以下的婴儿由于大脑发育水平的限制，还无法控制自己的行为，自我安慰的能力也极其有限，因而几乎完全依赖于照顾他们的人。研究表明，经常被拥抱和安抚的婴儿哭得更少，更信任他人，也更加独立。

父母要随时关注宝宝的每一个反应，掌握他的特点，才能搞清楚孩子什么时候需要单独待着或者安静一会儿。过多地对婴儿说话、抚摸和唱歌有可能会导致他们过度兴奋。有些婴儿会因此而转移视线、咳嗽或者变得暴躁，这是他们想让我们知道他们已经玩够了。

你的直觉会告诉你什么时候应当呵护、摇晃和拥抱你的宝宝，也会告诉你什么时候该让孩子休息和享受宁静。

该让孩子一直哭下去吗？

关于"是否应该让孩子一直哭下去"的争论可谓铺天盖地，足以让你为此而感到眩晕和困惑。作为父母，我们本能地想要避免让孩子受苦，而且让婴儿一直哭其实对父母的折磨要远大于对宝宝的。

我个人不建议让新生儿哭太长时间。因为四个月以下的婴儿的神经系统还非常不成熟，因此他们在哭泣的时候需要被摇晃或者被拥抱。

许多专家和家长们认为，孩子应该学会自己入睡并养成良好的睡眠习惯。我并不反对这种观点，宝宝当然需要习惯自己睡觉。不过，我认为六个月以下的孩子需要父母用哄劝和安慰的方式来帮助他安心和平静地入睡。

妈妈们都非常清楚看着孩子哭个不停是什么滋味——我们的心仿佛

都要被撕碎了,并且觉得自己是一个不称职的坏妈妈。我更倾向于在宝宝的腹肌强壮到可以自己坐在小床上之后,再允许他在入睡之前哭闹一会儿——大概在他们六个月大以后——因为我知道在孩子学会坐着以后这样做才是安全的。最好再用一个迷你视频监视器来随时掌握孩子的状态,以便知道什么时候需要去照顾他们。

父母应该学会分辨疲倦的哭声和疼痛的哭声之间的差异。爸爸妈妈们还应该充分了解自己孩子的特点,知道哪种方法最有助于他入睡。有些宝宝在温暖舒适的大床上睡得最好,有些则喜欢睡在小床上。美国儿科学会(AAP)不建议共眠(父母和婴儿在一张床上睡觉)。他们认为,为了降低婴儿猝死综合征(SIDS)的风险,婴儿应该和父母在同一个房间里睡,但要睡在附加床上或者摇篮里,我认为这很有道理。不过,如果你服了药或者喝过酒的话,绝对不要和孩子同眠,那样做不安全。

我最喜欢使用宝宝安乐窝(cozy-nest)——一种可以放置在父母大床上的好东西,可以确保孩子的睡眠安全。它既方便我夜间哺乳,又可以让我整夜都伴着小家伙的呼吸安心睡觉。当我一周工作了四十小时之后,我最期待的事情就是和我的宝宝一起窝在大床上。更何况,孩子一眨眼的工夫就会长大成人,你还没回过神来,他们就已经上大学了。所以,抓紧时间充分享受眼前的幸福时光吧!

婴儿不需要智力卡片或者电视节目——他们需要的是你!

婴儿最需要的是你的时间和精力、一个安定的环境和不间断的呵护。儿童创伤学院的布鲁斯·佩里博士针对儿童生活环境的稳定性做了深入的研究。他发现,在温馨和丰富的社交环境下长大的孩子更有满足感,心理也更加平衡。

佩里还谈到，有些细心的父母会给他们的孩子做"体感浴"：包括拥抱、摇晃、亲吻、唱歌、洗澡、哺乳以及眼神交流等。随着时间的推移，这种体感浴的内容会更加复杂，并逐渐被成人之间的互动所取代。这就是成年人喜欢被拥抱的原因，它会让我们回忆起一生中最安全和最被疼爱的时期。

你是否知道你本人（没错，就是你！）比任何玩具都更让宝宝喜欢和着迷呢？宝宝最爱看你的眼睛、听你的声音和观察你的表情。给孩子唱歌、按摩，哪怕只是胡言乱语，或者玩躲猫猫的游戏，都会让你和宝宝更加贴心。小孩子随时都在观察你，甚至在你以为他没有看你的时候。

孩子是最了不起的模仿者，所以我们一定要随时随地表现良好。和他们最亲近的人是孩子最早的模仿对象——这种行为很早就已经开始了。幼儿对世界的认知从观察开始，然后才是模仿。如果我们有意为他们树立良好的榜样，孩子们是一定会注意到并加以效仿的。反面教材也同理可推。如果父母使用污言秽语，而且动不动就发脾气的话，那么你的孩子也会找机会仿效你的作风。孩子自己没有判断能力，只会效仿他们生活中最信赖的人——他们的父母。

如果你的宝宝已接近十个月大，却不模仿你的动作（例如不跟你一起笑）或者不能跟你进行眼神交流，立即打电话给你的儿科医生。早期干预对于有特殊需要的儿童非常有效。

能够促进良性沟通和加深感情的活动：

● 反复模仿宝宝发出的声音。宝宝都喜欢有人跟他说话。与宝宝面对面坐着（使用婴儿摇椅是最理想的），当宝宝发出某种声音的时候，重复他的发声。这可以帮助他建立信心，鼓舞他的自尊心，因为他意识到妈妈和爸爸不仅仅是在看着他，也在听他说话。

● 享受触觉游戏。用宝宝的小毯子摩擦你的脸，说："噢！好软啊！"再用它摩擦宝宝的脸颊或者大腿，并问他："喜欢吗？是不是很软呢？"然后暂停一会儿等待宝宝的回应。如果宝宝咯咯笑着伸出他的小手的话，继续这个游戏。

● 通过动作和歌唱，让孩子和你一起做运动。宝宝喜欢听到父母的声音。在播放 CD 之前自己先来唱歌，并抱着宝宝随着节奏一起移动。你也可以问孩子："想不想听音乐？"然后放上一张 CD。

● 说个不停。婴儿通过听你说话来学习语言。在把宝宝抱起来换尿片之前，先说："妈妈要把你抱起来——我们要换尿片喽！"或者在喂他吃饭之前，先说："吃饭饭了，饿不饿啊？"

● 早点开始情感启蒙。婴儿通过被照顾和被疼爱来学习如何关爱别人。你可以用语言来描述宝宝的情绪，可以说："哦，你好像有点烦。妈妈在这里，一切都会好的。"或者如果宝宝正在长牙，你可以说："长牙痛痛是不是？妈妈在，不怕不怕。很快就不疼了，妈妈在这里。"

引导和转移注意力

管教意味着引导。当你检查家里的设施以确保它们对孩子足够安全的时候，你会发现总有些东西无论怎么改造都不可能适合孩子接触！在孩子学会爬行之后，调转行进的方向和转移他们的注意力是保障孩子安全最管用的方法。不要轻易说"不行"，只有在孩子抓你的热咖啡或者进入了危险区域之类的危急时刻才能使用。如果你过度地使用"不行"的命令，孩子迟早会不再理睬你。总之，允许孩子做可以做的事情，否则就转移他的注意力。

简单的一句"这不适合宝宝玩"就足以让孩子明白某件物品或者某个区域不适合婴儿，然后再给孩子展示什么是适合宝宝玩的，给他一个新的感兴趣的东西或者把他引导到其他有趣的地点。尽管你不得不反复这样做，但孩子慢慢会明白的。

安抚毯、毛绒玩具和安抚奶嘴

几年前，我曾被聘请去当一家婴儿毛毯公司的首席执行官，但我最终选择了只做他们的顾问。我曾因此而组织了一些父母讨论小组，来调查家长们是否知道让孩子依赖安抚毯和毛绒玩具的真正意义。在那之前，我还不知道有那么多的家长在孩子还很小的时候就把这些东西都收了起来，并自以为时机已经"成熟了"——甚至有不少父母从一开始就不想让自己的宝宝依赖任何物品。大多数家长都认为，这类物品会导致孩子在情感上一直长不大。

我永远不会忘记，其中有一位爸爸在我们的讨论活动结束后哭了——他终于明白了安抚毯对于他儿子的象征意义和重要性。在之前的活动中，我向家长们解释了，一件心爱的、具有安抚作用的物品可以帮助各个年龄段的孩子培养自我安慰的能力。由于年幼的孩子不善于调节自己的情绪，因此需要一个过渡性的物品来安慰他们。安抚毯就成了父母或者照顾者的象征——因为二者都可以提供平静和喜乐，依赖安抚毯的孩子其实是在依赖父母的替代品。这就是孩子们会要求带着小毯子去幼儿园或者郊游的原因。

这位父亲向我们诉说了他如何在儿子四岁的时候把他的小毯子收走了（他的儿子如今已经十八岁了）。这位爸爸说，他当时不明白为什么儿子已经不再是婴儿了却还需要到处都带着小毯子。他说，如果当时他知道这是"爸爸"的象征，是绝对不会那样做的。

婴儿往往在五到九个月开始对毯子和毛绒玩具产生依赖情绪——这时他们逐渐能够抓握东西了，并意识到自己有时会和父母分开，因此开始建立起独立性。当然，孩子在任何年龄都有可能形成对物品的依赖，但这是通常的时间。

当你把一条毯子和一个毛绒玩具拿给孩子的时候，一定要多准备一套。你需要对它们进行定期清洗和更换，确保每一套都被宝宝使用过。我的两个儿子都有好几条小毯子，他们称之为"咪咪"，我绝对不能把它们中的任何一条弄丢！我小时候用的小毯子直到现在还珍藏在我的珍宝箱里——我甚至带它上了大学！每当我的儿子们问我："妈妈，你的咪咪在哪里？"我的心头都会涌上一股暖流。

关于安抚奶嘴的争议

你可能会问，那么安抚奶嘴呢？如果你担心孩子会带着安抚奶嘴去上大学的话，未免太多虑了！大多数孩子三岁以后就不再使用安抚奶嘴了。随着孩子年龄的增长，来自同龄人的压力与日俱增，通常仅仅这一个因素就足以让孩子放弃自己的宝贝奶嘴了。

安抚奶嘴提供给婴幼儿的是平静和安详的状态——美国儿科学会指

出，使用安抚奶嘴实际上可以防止婴儿猝死综合征，因为吸吮奶嘴要求保持呼吸道通畅，所以专家们推荐一岁以下的孩子在午睡时和夜间持续使用安抚奶嘴。毛绒玩具或者安抚奶嘴也是可以帮助孩子适应新环境压力的过渡性物品。

我在大儿子九个月之后开始停止让他使用安抚奶嘴，因为他在夜间对它的依赖引发了很多问题。我们每天晚上都不得不起来两三次去搜寻它的踪影，于是我们选择了摒弃它。幸运的是，大儿子的脾气非常随和，只闹了两天就不再要求了。

不过，我的小儿子现在已经三岁了，他直到最近才放弃奶嘴。他是个精力充沛、性格倔强的孩子，很不好安抚，但只要一抱上他柔软的小毯子并咬上安抚奶嘴，他就会立即平静下来。所有家长都会需要这种帮助，不是吗？但我们还是逐渐帮助他摆脱了安抚奶嘴，因为咬着它没法清楚地说话。（我们使用的是下面列出的第四种方法。）当儿子发现他最后一个安抚奶嘴也破了一个洞的时候，他就把它扔进了垃圾桶，然后走开了。我原以为他会因此大闹一场，正准备打电话请求支援，可他却在几秒钟之内就彻底放弃了最后一只坏了的奶嘴。我觉得自己比孩子还难以接受这个事实！

如果你想要减少孩子对安抚奶嘴的依赖的话，可以尝试以下方法：

- 试着用镶边的毯子或者毛绒玩具来替代，这样当他放弃安抚奶嘴时，还有其他的安慰品。
- 只允许在睡觉和乘车的时候使用安抚奶嘴。
- 和孩子达成协议，不能带安抚奶嘴外出或者旅行。

- 把家里的一部分安抚奶嘴头上挖一个一毫米的小洞——注意不是所有的安抚奶嘴。当孩子发现奶嘴"破"了的时候,向他解释说安抚奶嘴迟早都会破的。这会让他逐渐接受没有奶嘴的概念——这是一个艰难的过渡。
- 开个派对把安抚奶嘴送给更小的宝宝。(祝勇于尝试这种方法的父母们好运!)
- 把安抚奶嘴绑在气球上,举行一个放飞仪式。告诉孩子气球会把奶嘴带给一个需要它的初生婴儿。

吸吮拇指

爱吸吮拇指的孩子已经发明了一种自我安慰的方法。是不是很奇妙呢?吸吮拇指的优点是拇指随身配备,而安抚奶嘴必须由家长买给孩子。然而,有些家长可能对吸吮拇指的行为感到难堪或者反感,因为他们认为孩子会一辈子都延续这种习惯。

吸吮拇指其实是很自然的行为,只有在孩子整天都吸的时候才需要担心。年幼的孩子通过吸吮拇指来平静或者放松,所以倘若你发现他每时每刻都在这样做的话,或许应该查一查孩子是否遇到了什么压力或者问题。事实上,健康和有安全感的儿童通常会在五岁之前停止吸吮拇指,因为那时会出现来自同龄孩子的压力。

 朝吸吮拇指的行为竖起拇指

根据美国儿童牙科学会对口腔习惯的认定,吸吮拇指或者使用安抚奶嘴都是婴幼儿的正常行为。

婴儿需要一种自我安慰的方法，吸吮手指或拇指可能是最自然的手段。因为我的大儿子是用母乳喂养的，因此他有足够的吸吮练习。然而哺乳停止之后，他就改用抚摸毯子的缎子花边来安抚自己。他是一个容易平静下来的孩子，所以我很幸运。晚上我们会通过监视器看见他醒来，本以为他会哭着找我们。令人惊讶的是，他却搂紧小毯子，然后继续睡觉。他从来没有吸吮过他的大拇指，这可能是我们在他五个月大的时候给了他一个安抚奶嘴的缘故。

我的小儿子也没有吸吮拇指的习惯，这可能也跟我有意让他使用安抚奶嘴有关。我在他出生几天之后，在确认他知道该如何吮吸之后就给他用了安抚奶嘴。正如我之前所说的，我倾向于使用安抚奶嘴，所以直到小儿子三岁时我依然使用它。他是个非常难管理的孩子，发起脾气来连我和我丈夫都不理睬，反而喜欢用安抚奶嘴——可能那让他觉得自己更说了算吧。我们尊重他的这一特点，因为即便是亲兄弟也不可能有一模一样的性格。

没有人能够真正预测一个孩子会吸吮拇指到什么时候。我有一个客户，他从小生长在一个混乱的家庭里，小时候就靠吸吮拇指得到平静和安详。当我问他成年之后如何让自己平静下来的时候，我以为会听到类似于"读书、喝杯啤酒、看看电视"之类的回答，结果他说："我有时还会吸吮拇指。"这是一个罕见的范例，但我敢肯定，它一定比我们预想中的更加普遍。为什么不可以呢？我们都有自己的自我安慰方式，吸吮自己的拇指远比具有破坏性的自我药疗更好。

晚间作息规律的重要性

你的孩子越放松，就越容易按时睡觉，并很快入睡。遵守固定的睡前时间表并保持每晚的作息习惯，可以对孩子产生舒缓效果，会让他们感到安全、稳定并容易入睡。如果没有固定的作息习惯的话，孩子可能会很难入睡。让睡前固定程序早早开始，好让你有时间来完成睡前的每一个步骤。不妨从浴室或者其他房间开始这一流程，最后抵达孩子的房间。

建议遵循的睡前程序：

- 洗澡或洗手和脸。

- 擦拭牙龈或刷牙。

- 更换尿片，并换上睡衣。

- 消耗体力。儿童有时会在临睡之前突然爆发出极大的活力，可以让他们尽情地疯玩，上蹿下跳，或者逗他们大笑一会儿。

- 唱歌或玩游戏，但不要让孩子过度兴奋！

- 大声读书。即便是六个月以下的婴儿也喜欢听人读书，并逐步熟悉里面的文字和故事。其实他们主要是喜欢你具有安慰效果的声音。

- 演一出晚安手偶戏。

- 向家里的东西道晚安。

- 播放舒缓的音乐，打开白噪音机（white-noise machine），或者两者并用。

● 每晚告别的时候都说"妈妈爱你，明天早上见"或"做个好梦，我们都爱你"。

不眠之夜

新生婴儿正在学习如何适应新的睡眠模式，所以夜间醒来可能有多种原因。如果你的宝宝不是生病了或者耳朵感染的话（我的儿子们经常有这种问题，但只有在晚上才会发生），他最有可能是因为出牙而醒来。长牙的宝宝通常醒来后会哭闹并吸吮手指，而且白天会流口水。有时，长牙还会伴随着发烧。在最痛苦的长牙夜晚，我们会让儿子上我们的大床去睡，然后给他一条冰凉的毛巾，让他咬。有一次他的牙实在太难受了，我甚至允许他拿了一桶冰玩——他立刻就把疼痛的事情给忘了。但最终还是儿童用的止痛药效果最好。

其他可能让孩子无法安睡的原因则是他即将迈入新的发展阶段。T.贝里·布雷泽顿（T. Berry Brazelton）[1]发明了"转折点"（Touchpoints™）这个概念，用以形容当孩子在某一个发展领域里突然发生飞跃的时候，往往会在其他方面发生倒退。这可能会给家长们造成困扰，因为转折点会扰乱孩子的行为和习惯。不过，一旦家长了解了这种现象的存在，就可以更好地分辨和理解孩子的举动和进步了。

我听许多母亲提到过，在宝宝迈出第一步的前一天晚上，孩子整整一夜都没睡。我的两个儿子在他们第一次走路的前一天也都是在大半夜里哭了很长时间。

---

[1] T.贝里·布雷泽顿（T.Berry Brazelton），著名儿科医生和作家。他发明的布雷泽顿新生儿行为评分体系被全球医院广泛应用。

也有家长提到,他们的孩子在出现语言上的飞跃之前会折腾几个晚上。我的小儿子就闹了三个晚上,翻来覆去,睡不好觉,结果到了第三天,他竟然在一天之内说出了三个新词。我们既震惊又欣喜——孩子真是神奇,不是吗?

所以,下次当你的宝宝让你彻夜难眠时,有可能将有惊喜在早上等着你哦!

带婴儿外出

有时,新晋父母会害怕把他们刚出生的宝宝带去公共场合。这可能跟母亲害怕孩子哭闹会让她手足无措有很大关系。

如果母亲能了解自己孩子的特点,她就会知道什么时候不能带孩子出去,例如在午睡时间或者哺乳时间。不过,母乳喂养的话,母亲就有得天独厚的条件了,她可以带孩子去任何地方,随时随地都可以喂养孩子。她面临的最大难题是要找到一个既有隐私又安静的地方给孩子喂奶。如果她知道宝宝什么时间会饿,就尽量不要在这段时间内去杂货店购物。

关键是要提前计划。如果你知道宝宝早上更乖的话,那就最好在这段时间里出去。如果孩子需要的只是妈妈的微笑或者一个安抚奶嘴,那么不妨考虑出去走走!如果你知道孩子能在便携式汽车安全座上睡一个马拉松午觉的话,那么这将是你和朋友共进午餐的绝佳时机。

做好准备

你或许已经得知,只需经过儿科医生的许可,你就可以带孩子出门了。如果宝宝是新生儿（没错，新生儿也可以出去！），那么你通常需要有人陪你出去。

妈妈通常在婴儿两三个月之后才更愿意带孩子出门，我称这段时间为调整阶段。外出之前，一定要注意根据天气给宝宝穿衣。这可是一个展示你给孩子准备的漂亮衣服、可爱毯子、酷酷的宝宝背带和儿童推车的大好机会。

多给宝宝一些适应外出的练习机会，经常把他放在婴儿车里推着走，或者用背带、背巾背着孩子。别忘了还有坐车的问题！宝宝也需要适应在汽车行驶的时候坐在安全椅上。如果你的宝宝经常在家里家外跑来跑去的话，那么他可能不会觉得"出门"是什么大不了的事情。

我在孩子很小的时候就经常带他们一起出去吃饭，以至于现在他们已经把饭店当成是很平常的地方了。但父母应该注意选择适合婴儿和儿童吃饭的饭店。我喜欢在 Nordstrom 购物，因为每当儿子开始烦躁的时候，我都可以立即奔向那里的休息室去喂奶。等他吃完之后，我还可以继续购物，我甚至还会约朋友在那里喝咖啡！所有这一切都让我更有信心成为一个"走出去"的妈妈。

我会趁儿子睡长觉的时候外出。他在他的便携式婴儿椅里呼呼大睡，我则跑去杂货店、药店或者邮局，有时我甚至可以去美甲！

大多数人都喜欢孩子，所以经常带你的小宝宝出去吧！你会发现在棘手的情况下，许多陌生人都会给予你同情和帮助——除非你是在飞机上，那就完全不同了！

你的心态很重要

如果妈妈和爸爸认为带新生儿出去是很平常的事情，那么孩子也会感染上这种情绪。婴儿在公共场合啼哭并不意味着他不喜欢出门，因为我们都知道，孩子即使在家里也会经常哭！所以尝试一次，带着信心走出去，向世界展示成为父母是多么伟大的一件事。下面还有一些建议供你参考：

- 找个人陪你一起出去。
- 买一个可以安在婴儿车上的便携式汽车安全椅。
- 从宝宝三个月的时候（或者当他开始伸手拿东西的时候）起，给他提供一个可以依赖的物品（安抚奶嘴、安抚毯子或毛绒玩具），出门时带上这个依赖的对象。
- 到达目的地之后找一个可以哺乳的地方。
- 如果不是母乳喂养的话，准备一瓶奶。
- 如果孩子已经可以吃正常食物了，带点小吃和一瓶水。
- 带全套的尿布包，装上湿巾、尿片和护臀霜。
- 带两套衣服备用。（婴儿有的时候会边吐边拉！）
- 学习童谣或婴儿歌曲，因为宝宝喜欢听你唱歌。
- 带一个拨浪鼓或者带铃铛的玩具，用来逗他玩。
- 如果宝宝有点吵闹，让你感到尴尬，你要保持冷静，从容地面对，并且让孩子知道你了解他的感受，而且会帮助他。
- 做好随时离开的准备而丝毫不影响心情。你要明白，这个阶段正是需要妈妈包容宝宝的时候。

你和孩子的外出将会是一次愉快的旅程，只要你知道哪里可以哺乳、哪里可以换尿布、哪里可以让孩子睡觉就够了。

带着婴儿去度假——趁你还有机会的时候

偶尔，你可能会想带着宝宝去旅行或者度假。此时是带宝宝旅行的最佳年龄，因为宝宝还不会走路或说话，基本上可以在任何地方睡觉，所以好好利用这一特点，计划一趟外出旅行吧！相信我，当我可以抱着婴儿或者用背带把他背在胸前的时候，比现在再带着他旅行容易多了，如今他已经可以到处乱走，充分利用他新获得的独立权了！

要保持一个良好的心态，告诉自己说，旅行没什么不可以，孩子也会享受这段旅程。这种积极的情绪是会传染的。

这里有一些事情要牢记：

- 找到一个你将要去的地区的儿科医生，把该医生的联络方式随身携带，以防孩子突然生病。可以让你在当地的朋友推荐一名医生，或者让你的家庭医生提供给你一个该地区的医生名单。你也可以在互联网上搜索，然后打电话到医生的办公室，确认该医生是否接受新患者和你的医疗保险。
- 一定要携带的宝宝装备：

  便携式婴儿床

  哺乳用具

  婴儿背带或者背巾

  替换的毯子

替换的奶瓶

换洗的衣服

足够的尿片

零食

奶粉

玩具及磨牙胶

● 宝宝的娱乐活动：

把玩具、拨浪鼓、铃铛、书籍等分几次拿给宝宝玩。你当然希望能让宝宝尽可能久地保持好心情，所以不要一下子把全部招数都使出来。

由你或你的伴侣给宝宝唱歌听。

● 如果是在飞机上的话：

在起飞和降落时给婴儿喂奶或者使用安抚奶嘴有助于释放内耳的压力。

如果宝宝烦躁的话，带他在舱内到处走走或者和周围的人交谈，宝宝喜欢新鲜的面孔。

最好和能够帮助你的人一起出行，因为在有帮手的情况下更容易让你保持良好的心态。而你不就是为了全家人能一同出门开心一下才旅行的吗？

如何处理孩子的分离焦虑

婴儿最早在六个月的时候就会显现出分离焦虑的征兆,但对于大多数的宝宝来说,最难受的时候是在十三到二十个月之间。这个年龄段的宝宝刚迈入幼儿阶段,已经意识到自己是个完全独立于父母之外的个体。夜间哭闹有可能就是分离焦虑的表现——和爸爸妈妈分开睡对孩子来说是件可怕的事情。幼儿会先了解分离的含义,然后才会明白重聚的概念,他们可以从你的行为中看出你将要离开。分离的焦虑在你还没迈出门槛的时候就开始酝酿了,而且焦虑是可以传染的。你越是不放心离开宝宝,不放心把他交给别人看护,你的宝宝也会越发忧虑。

分离焦虑有许多表现形式。你的孩子可能会在你离开房间时哭泣或者因为知道你要离开而拒绝被放下。有些孩子会一整天都跟在他们父母的身后从一个房间走到另一个房间。最让家长难受的情景之一就是把一边哭一边黏着自己的孩子送去幼儿园。这种折磨会让父母的心揪在一起,甚至让你怀疑自己的决定是否正确。

好消息是,分离焦虑总会过去,而且有办法控制。以下是一些能够帮助你和孩子适应分离的办法:

● 提供一个过渡性物品。鼓励孩子依赖一个过渡性物品,如可以抱在怀里的毯子或毛绒玩具,你可以在婴儿早期就把这样的物品送给孩子来培养他们对它的依恋。宝宝喜欢丝绸制品,那种触感会让他们重温在子宫里的安全感。

● 用频繁的、短暂的分离来让孩子逐渐适应。如果你预先知道要离开一段比较长的时间,为了让孩子有充分的心理准备,可以不时地离开孩子一会儿，例如去邻居家待一会儿或者快速地出门办点琐事。和宝宝演习一下短暂的分离，告诉孩子你要去隔壁的房间，但马上就回来。

● 让你的保姆早点来。如果你雇了人来看护孩子的话，可以让她（或者他）早一点来，好让你们三方能花一些时间在一起，然后再离开。

● 高高兴兴地离开。如果你想让宝宝把你的来去当成是一件快乐的事情，就不要偷偷摸摸地走。尽管偷偷走开会让你觉得更好受一些，但对于孩子可不是。你应该让他看到你离开，即使他眼里含着眼泪。如果你总是溜走的话，他会更加担心你会随时消失。你要说再见，然后尽量让他忙于一个有趣的活动来分散注意力。

● 不必内疚。最后一点是不要因为孩子的眼泪而有负罪感。要知道这都是暂时的，你和孩子都会熬过来的！但不要不在乎孩子的痛苦，也不要因为孩子吵闹着不让你离开而对他们发火。父母时而会因为孩子的依赖而感到满足，但时而也会因为他们的黏人而感到焦躁和厌烦，这些都是非常正常的情绪。所以，父母要设法在培养孩子的独立性和尊重孩子对安全感的需求之间找到一个平衡。

开始与人交往

婴儿非常喜欢和人交往，所以很早就让你的宝宝和年龄相近的孩子交往并不为过。宝宝们对彼此很有兴趣，常常会伸出手去触摸对方，这表明他们享受并且受益于早期的社会交往。

父母也应该走出家门，去建立他们的社交网络和加入互助团体。我就发起了一个社区家长小组，事实证明这是大有用处的。我的许多邻居都在我需要有人临时看护孩子时充当了叔叔阿姨。

孕婴店、健身房是很好的社交场所，加入游戏小组或者高品质的育儿课程也是让孩子与其他孩子互动和认识世界的绝佳机会。

同龄孩子的家长们同样需要交流。关起门来养孩子是没有多少乐趣的，所以要积极地和同龄孩子的家长建立友谊。交朋友其实很容易，你可以在超市、公园或者孩子的健身课上和其他家长闲聊。如果你是妈妈，那么你的丈夫显然不会喜欢陪你话家常或者交流一些妈妈们的话题，所以加入一个很酷的妈妈圈子会让你更开心。

发起游戏小组

你有没有想过建立一个活跃的有组织的游戏小组呢？现代育儿有时候更具有挑战性，因为很多家庭都生育较晚，因此不如早先的父母那么有精力、经验和亲人帮助。多数家庭会抽出几个月时间不工作来照顾新生的婴儿，但通常父母中的一方会回到全职的工作中去，只留一方继续在家里照看婴儿。一个家长真的能够满足孩子的身体、交际、情感、智力、语言、精神和文化的需求吗？不太可能。经常参加游戏小组或许可以解决这个难题。

成功的游戏小组需要具有组织能力、友好并且善于交际的人来领导。以下是创建一个游戏小组的步骤：

1. 给你的小组取一个有趣的名字。
2. 制作简报、传单、网站或这些媒介的自由组合。
3. 选择一个活动地点，如临近的公园或者你家后院。
4. 向推着婴儿车散步的家长们宣传。
5. 创建一个群发邮件通讯录。
6. 鼓励家庭在各自的住所举办活动。
7. 每年选举新一届的小组长。
8. 和邻居及他们的孩子们愉快相处。

我在大儿子一岁的时候创建了游戏小组，后来它逐渐壮大成为拥有六十多个家庭组员的本地社区团体。五年后的今天，我们的游戏小组依然在蓬勃发展，我非常庆幸有那么多家庭在任何组员有需要的时候都会伸出援手。创建自己的游戏小组可能在一开始非常困难，但努力绝对是值得的。

适当接受帮助可以防止过度疲劳

不要以为养育孩子和操持家务是件容易的事情，应该由一个家长单独承担！如果你还有工作的话，那么你等于是一心三用。即使你不工作，专心养育孩子，也应该接受所有你能获得的帮助。如果有人提出给你送食品、洗衣服、帮你看孩子或者购买日用品的话，你的回答应该永远是"好的，谢谢你"，而不要觉得你是在给别人添麻烦。事实上，人们喜欢帮助别人，那是一种很棒的感觉。（在你不需要帮助的时候，不妨把援手伸给游戏小组的其他成员。）

开口求助不是件容易的事。你可能认为，既然选择了做父母，就要承担所有的重担。但这是一种误解，有可能会导致你最终筋疲力尽。寻求少许帮助并没有错，你会发现向你的朋友或者家人求助会让生活变得轻松很多。有时候人们不知道如何帮助你，如果你能明确而具体地告诉他们你的需要，他们会更乐于帮助你。

如果你身边没有游戏小组、家人或者朋友可以帮助你的话，不妨雇人帮你。无论你是职场妈妈还是全职妈妈，有人定期给你帮忙都会让你更安心，有什么比雇人更好的方式来确保得到帮助呢？

让宝宝尽早学会向家长求助

在还没学会说话之前，婴儿和幼儿都只能依靠哭泣作为沟通的主要手段。婴儿最早从九个月开始理解语言，所以宝宝很有可能在第一个生日之后不久冒出他的第一个单词，男孩子会稍晚一些。有些家长会在这之前用手语和宝宝沟通。我教我的两个孩子学会说"帮帮我"，你不知道这句话避免了多少无谓的尖叫和吵闹。

当孩子需要你帮助的时候，走到他的身边确认他的感受："你遇到麻烦了，需要帮忙吗？"每当你听到他哭的时候，都向他重复一句话："帮帮我，妈妈帮帮我。"

这样坚持做几天，他的哭声可能会减少，并有可能说出："帮帮我，帮帮我。"

生活里少一点喊叫，就会轻松很多。首先要确定孩子是不是受伤了，如果没有，你可以接着解决他的需求，因为现在孩子已经学会了向家长求助。

当妈妈去上班的时候

并非所有的母亲都能够留在家里,许多女性也不适合做全职妈妈。许多妈妈,无论是已婚的还是单身的,都会因为经济原因而不得不去工作。有些人则需要通过工作来保持健康的心态,或者出于保持职场竞争力的目的而工作,或者为了赢得事业上的成就感而工作。我们任何人都无权评价其他母亲的个人需要和选择。最重要的是要享受你与孩子在一起的时间,并确保你有足够的时间来培养你们之间的情感纽带。一个快乐而自信的妈妈无论工作与否,都会养育出幸福而有安全感的子女来。

两次生小孩,我都是在孩子出生后三个月之内就恢复了我的咨询工作。我从来没有真正停止过工作,我很幸运,不仅能够在家里工作,还能出去接触客户。整天待在家里对我来说太单调了,我渴望接触其他的成年人来发挥我的才智。因此,我选择每周把孩子送到一个高品质的托儿所托管两天,每天托管三个小时。

是不是有人告诉过你,只有整天待在家里才能给你的孩子提供最好的照顾呢?研究表明,高质量的儿童教育中心往往比全职带孩子的家长更能满足孩子复杂的需要。好的育儿中心可以为孩子提供良好的社交、娱乐和体验的机会,其环境是专为满足不同年龄段孩子的发展需要而设计的。

在选择托管孩子时,一定要选择有资质和小班教学的幼教机构,并且是已通过美国幼儿教育协会(NAEYC)认证的。任何具有认证的幼儿中心都会允许你随时参观考察。

和孩子保持紧密的联系

我们做父母的应该在什么时候完全放手让孩子自己去培养韧性和责任感呢?任何时候都不能。我们只是需要给他们成长的空间,无论在感情上还是在人际交往方面。

在每一个发展的关键阶段,孩子都对父母有着完全不同的需要。一个三岁的孩子显然更需要密切的监管,而一个九岁的孩子则可能需要时间来独自完成他的新游戏。一个五岁的孩子可能仍然希望妈妈拉着他的手去上幼儿园,而一个即将进入青春期的十二岁孩子则需要妈妈给他更多的生活空间和情感空间。

总而言之,孩子在生命的任何一个阶段都不能断开和父母的联系。父母了解孩子生活中的大小事情对孩子和父母都有好处。这当然并不意味着我们有权翻看孩子的日记,但我们确实应该随时关注并积极参与他们的生活——不管他在什么年龄段。

没有一个孩子会在被父母忽视的环境下茁壮成长,不管少年时期的他如何想摆脱父母的约束。

有疑问的时候咨询其他家长

你有没有过这种时候,对一个难题百思不得其解,但给朋友打个电话就迎刃而解了呢?我总是遇到这样的情况。有时候,我们是当局者迷,所以需要从一个过来人的视角去寻找答案。有什么方法比向更有经验的家长咨询更好呢?

让宝宝自己选择零食

一旦孩子学会了爬行，就可以尝试把零食存放在不含双酚A（BPA）的透明食品容器里，然后放在低矮的位置上。这样孩子可以自己爬到零食边上，并选择喜欢吃的零食。他会喜欢这个自己挑选零食的机会的。

让猫咪远离婴儿床

猫咪都害怕气球，所以在你带宝宝回家之前，或者在婴儿还没有躺在他的婴儿床或摇篮里的时候，就在婴儿床或摇篮周围放几个气球。这可以确保小猫躲得远远的。当然，你要随时注意气球有没有爆炸，如果有，一定要检查有没有碎片残留在婴儿床上或摇篮里。

让换尿片成为乐趣

随着宝宝长大，他可能会开始抵制换尿片。你可以试着把一篮子能吸引孩子注意力的玩具放在手边，然后对孩子说："看看这个！"随后给他一个玩具。这样你就能顺利地给他换尿片了。

让安抚奶嘴随时待命

你是不是经常在抱着孩子的时候发现安抚奶嘴掉在了不干净的地板上？你可以试试把奶嘴和口水巾或者围嘴拴在一起，然后把口水巾搭在你的肩上，或者让婴儿穿上围嘴。当然前提是安抚奶嘴上有地方可以穿线，例如NUK牌的奶嘴。

第四章　两岁的乖宝宝，三岁的淘宝宝：建立亲密关系的关键时期

> 最好的教育源自内心，体现在日常生活中的每时每刻。孩子的每一次激动、悲伤、愤怒或者害怕，你都要陪伴他们度过。为人父母其实就是要在孩子最需要你的时候以他最需要的方式去帮助他。
>
> ——约翰·戈特曼（John Gottman）[1]

伴随着蹒跚学步和牙牙学语，你已经启动了对孩子的情感引导，而孩子也迈入了糟糕的两岁，不过依照现在最时髦的叫法，我们改称为精彩的两岁！你将会发现，两岁到三岁之间是最具有挑战性的一段时期。在这个阶段，你的工作最多，责任也最大，因为你将极大地影响并决定孩子的情感发育。

曾经活泼开朗的孩子现在变成了一个能量小超人！你至爱的宝贝如今不仅仅在探索着世界，更在迅速地掌握新词汇、新短语和新脾气！你依然可以像他学走路时一样通过转移注意力的方式来引导他，但是一旦

---

[1] 约翰·戈特曼（John Gottman），知名家庭教育与婚姻研究专家、作家。

孩子开始会说话了，你就应该按照情感引导的步骤来逐步施行（详见第二章）。在这个阶段，如果孩子遇到危险或者不听话，你可以逐渐减少分散和转移他注意力的次数。

设定限度

父母应该注意拿捏控制和引导之间的细微分寸，这一点非常重要。如果你试图约束一个爱讲话的孩子，他可能会觉得你在否定或者轻视他的想法。因为如今孩子已经能够表达自己的想法了，你必须尊重他的这一进步，并且采用更为复杂的教育手段。在这一章中，我将列举许多常见的错误的教育方式，并且讲述更加有效的方法，让家长们既可以保持和孩子的亲密关系，同时还能设定明确的限度，从而让孩子更合作。

单靠情感引导是不够的——在孩子成长的全过程中，父母都应该对孩子加以约束，让他们清楚什么事情可以做，什么事情绝对不可以做。情感引导和设定限度是教育孩子的两个最关键的环节——一个是要给予孩子无条件的爱，另一个则是制定简单明了的规则。我们要为他们说明在怎样的年纪应该做怎样的事情，没受过父母严格约束的孩子很难理解遵守制度的重要性。人类社会里显然有被允许和不被允许做的事情，对于大多数人来说，这些概念是在家里学到的。孩子们当然总是想要挑战规定——这是人类的本性决定的——但是作为父母，我们有责任引导和塑造孩子的行为，积极帮助他们掌握社会生存技能。

设定限度或者制定家规并不意味着要威胁或者恐吓孩子，你只是要让他知道做什么事情"行"，做什么事情"不行"。因为孩子正处在学习和培养道德观念的过程中，父母应该向他们解释可以做和不可以做某些事情的理由。用理性和逻辑来说服孩子的父母比那些经常说"让你做什么就做什么"的父母更能让孩子信服。

虽然父母制定了不可动摇的家规，但孩子并不一定会心甘情愿地一直遵守下去。事实上，在外面适应能力强的孩子往往在家里更加淘气，因为家里比其他任何地方都让他们更有安全感。孩子可能会让你抓狂，而你唯一能做的就是做好准备！你必须既温和又坚定，严格按照定下的规矩执行。此外，请记住你的任何情绪波动都是无可厚非的，不存在对错，因为每一个正常人都会有喜怒哀乐。

孩子需要自信心

权利和自立会让孩子感到自信满满。那些整天自感弱小的孩子容易丧失信心——其结果可能会表现为叛逆或者有意和他人作对。事实证明，如果我们能坚持给予孩子适当的决策权的话，他们会感到更有尊严，所以更有可能做出正确的选择。

如果你希望孩子拥有充分的自由，并对自己的决定充满信心的话，那么你需要为他们创造一个成功的环境——这往往意味着你要让他们有"我说了算"的感觉。父母不应该频繁地否定孩子们的决定，所以，倘若你知道孩子的自制能力有限的话，就不要带他们去玩具店或者糖果店这样的场所，以免不得不一再拒绝他们的要求。父母应该为孩子提供一个既自然又容易掌控的成长环境，前提是有益于健康的和充满社会责任感的——所以要避免让孩子接触到武器、毒品以及儿童不宜的媒体节目，等等。

学龄前的儿童大多数时候都沉浸在一个以自我为中心的世界里，说白了就是以为"地球是围着我转的"。因此,无论你如何努力避免让孩子吵闹,作为家长,你都难免要经受不少考验。当你觉得孩子在跟你较劲的时候,别和他硬碰硬,只要冲突双方中有一方退让,争斗就会立刻停止——就像在拔河比赛中一边松了手,比赛就宣告结束。

为什么打屁股没用?

许多家长都逐渐意识到打屁股是没用的。打屁股只会起到一时的警戒效果,却会带来一连串的潜在恶果。

没有暴力只有呵护的环境才最利于发育

小时候的你是不是对一切都充满好奇呢?那时候的世界一片美好——没有批评,没有责任,还不需要工作——你想做什么就可以做什么。那个阶段可能是你学得最多的时期。

正如我在第三章中所说的,幼儿时期是大脑发育的敏感和关键时期。体罚所引发的恐惧会对儿童的大脑功能发育产生不良的影响。然而,就是在这个具有极大的可塑性和脆弱性的阶段,许多儿童都遭到过父母的体罚。

马萨诸塞州麦克林医院的研究员马丁·泰切尔博士(Dr. Martin Teicher)指出:"我们发现,在大脑发育早期遭受过忽略和压力的动物成年后更容易恐惧、焦虑和紧张。我们认为人类也是如此。"

我还没见过哪对父母是有意想要自己的孩子大脑发育异常的,然而,打孩子的父母却会在无意之中造成这种恶果。

打屁股会损害孩子的学习能力，影响孩子的在校表现

研究表明，打屁股会降低孩子的智商，而平静和安定的状态是最利于大脑学习的。如果孩子因为挨打而感到愤怒或是害怕的话，他就会提心吊胆，学习也就戛然而止。经常生活在对暴力的恐惧中的孩子会处于半惊慌的状态，在学习上自然也难以提高。

我们发现，在学校里表现最差的孩子往往来自有问题的家庭。不正常的家庭生活容易导致孩子成绩不好、辍学、早孕或者吸毒。这种孩子的父母通常有暴力倾向或者对子女缺乏关爱，结果导致这些孩子为了自我保护而自然而然地与有类似经历的人走到一起，甚至可能会为了寻找家庭的温暖和弥补情感上的空虚而加入帮派团伙。

> **来自精神病学教授的建议**
>
> 研究人员发现，经常挨打的孩子比普通的同龄人更具有暴力和犯罪倾向。这些孩子成年之后更容易患上抑郁症或者出现不合群，也容易对配偶使用暴力，甚至经济收入和事业层次都更低。这一切都是我们不希望看到的结果。
>
> ——阿尔文·坡圣特（Alvin Poussaint），医师，哈佛大学医学院精神病学教授，摘自 FamilyEducation.com 的《打屁股的恶果》（*Spanking Strikes Out*），1999年9月27日

打孩子就是唆使他们使用暴力

父母是孩子的榜样，一个打孩子的家长如何能教育子女不去打他的兄弟姐妹呢？你的言行不一只会让孩子感到无所适从。如果孩子因为挨

了打才听话，你给他的教训就是"用拳头说话"。我敢跟你打赌，他会从你这里学会使用暴力去解决问题。当你的孩子长大以后组建了他自己的家庭的时候，你是希望他用对话的方式还是用武力去解决他和配偶之间的矛盾呢？

> **来自一位宗教领袖的建议**
>
> 我从来不认同"闲了棍子，惯了孩子"的原则。……我深信暴力的父亲只会教出暴力的儿子……不要对孩子动粗。他们需要的是爱和鼓励；他们需要的是可敬可爱的父亲，而不是让他们胆战心惊的人；最重要的是，他们需要一个好榜样。
>
> ——戈登·B. 欣克利（Gordon B. Hinckley），耶稣基督后期圣徒教会主席，在1994年10月的大会上的讲话

我们都知道暴力犯罪的常见根源和土壤是什么：贫困、歧视、家庭破裂、毒品、黑帮和唾手可得的致命武器。反暴力家长教师联合教育有限公司的创始人乔丹·利亚克（Jordan Riak）曾指出："上面列出的每一种因素都可能会导致暴力和犯罪，但为什么没有包括打孩子的行为呢？"

研究人员谢尔顿（Sheldon）和埃莉诺·格卢克（Eleanor Glueck）夫妇[1]对正常孩子和犯罪少年做了具有里程碑意义的研究。他们发现，某些儿童在早期发育阶段受到的影响导致了他们在日后做出反社会的暴

---

[1] 谢尔顿（Sheldon）和埃莉诺·格卢克（Eleanor Glueck），哈佛大学犯罪学家，夫妇二人对犯罪少年和普通少年之间的差异进行了深入的研究。

力行为。在他们的调查结果中，违法犯罪的苗头早在孩子三岁时就有所体现——早在他们接触到家庭以外的不良影响之前。格卢克夫妇还发现，那些脾气暴躁、缺乏耐心的父母由于管束不了孩子而采取暴力的手段，结果导致子女也变得有暴力倾向和具有攻击性。这种暴力行为发生得越早，性质就越严重，后果也越可怕。他们还发现，从小在关爱和鼓励的家庭氛围中长大的孩子，出现反社会行为的概率最低。

如果你想要尽一切努力防止你的孩子变成暴力的父母的话，就请温柔地教导他，适当地约束他，同时尽可能地使用情感引导。请父母们避免我之前提到的四种常见的教育误区（详见第一章），而且永远都不要打孩子。

体罚可能会造成伤害

那些体罚论的支持者认为，只要把握分寸和注意方法，体罚就没有关系。他们说："永远不要带着怒气打孩子。"这等于是说，只要父母能足够冷静，就尽可以去伤害孩子。但研究表明，随着时间的推移，父母打孩子的力气会越来越大。当打屁股没有达到预期的效果时，家长们会下意识地使用更多的武力，这只会让孩子更加容易受伤。

许多家长之所以捍卫自己打孩子的权力，是因为暴力为他们提供了发泄失望和愤怒的渠道，而不是因为他们认为这是一个行之有效的教育方法。世上根本不存在打孩子的恰当时机和安全方法，因为暴力行为的本质决定了它只会随着时间的推移而升级。

打孩子会伤害他们的自尊心

你还记得自己被打之后的感受吗？你是不是感到愤怒、悲伤和困惑呢？你甚至可能觉得爸爸妈妈并不爱你。尽管父母们并不希望让孩子产生这样的感受，但他们的行为往往会造成这样的后果。

很多人会说："我从小就挨打，现在不是很好吗？"或者说："我当时太淘气了，确实欠揍。"固执于这种观点的人，其实是不愿意承认一直保护他们的父母确实做了错事。父母是我们生命中最重要的人，倘若我们承认他们犯了错或者心理病态，就等于是在说我们自己是受害者。为了不至于让自己觉得丧失了父母的疼爱，我们宁愿否认曾经受过的伤害——无论父母做错了什么事情，我们都会为他们辩护，只是我们不愿意承认这个事实。

 想想看

为什么伤害动物叫虐待，伤害成年人叫殴打，而伤害孩子却叫作管教呢？

——佚名

随着长大，孩子们会继承父母的某些优良品质。如果你小时候挨过打，但长大以后依然成了一个优秀的人，这绝不是得益于你所受的那些体罚。很多成功杰出的人士小时候都挨过几顿打——但并非所幸如此，而是所幸没有造成恶果。

不能打，那该怎么办？

想要孩子合作其实有更好的方法，暴力和恐惧不会达到你想要的效果。"管教"的真正含义其实是"引导"，而引导则意味着指教。当我们

在惩罚孩子的时候，其实忽略了对他们的指教。

孩子通过效仿榜样来培养良好的行为举止，父母则是孩子在道德、品行和同情心方面的导师。想要让你的孩子带着宝贵的生活技能迈入成人世界的话，就要教会他自我激励的意义、如何与人协商、在必要的时候妥协以及用和平的方式顺利地解决矛盾。

你可以尝试用以下和平的方式来引导孩子：

- 先弄清楚你自己的"心结"在哪里，以确保自己不会把怒气和烦躁趁机发泄到孩子身上。
- 如果你发现自己火气太大而无法冷静地教育孩子，就找个地方先"降降温"。
- 从婴儿阶段就开始引导孩子并适当约束。
- 经常和孩子沟通你的想法和感受。
- 讨论你目睹某些事情的感受。
- 关注并包容孩子的感受，但同时也要设定限度。
- 为孩子提供选择的机会。
- 转移孩子的注意力。
- 言行一致，说到做到（承诺过的事情一定要兑现）。
- 如果你的孩子做到了言而有信，就要给他鼓励。
- 给孩子提供一段"反思的时间"或是"冷静的时间"，如果是三岁以上的孩子，你可以和他一起聊聊他刚才的行为，并问他下一次是不是可以做得更好。（我将在下一节讨论该种方法。）

● 提供解决方案或者引导孩子思考解决办法——有时候孩子可能确实不知道该怎么做，他需要你的指导。

为什么暂停活动法不起作用？

你能相信吗？居然有家长把孩子受暂停活动惩罚的录像发布到YouTube上去。其中有的孩子还不到两岁——还穿着纸尿裤呢。难道那些父母觉得观看一个小孩受惩戒是一种娱乐吗？一个还不到两岁的孩子根本无法明白被暂停活动是什么概念，更不可能理解爸爸妈妈为什么会对如此年幼的他们有这么高的要求。

首先，这些家长并没有恰当地运用暂停活动的教育方法——他们把这作为惩罚而不是引导的手段。其次，他们把孩子的痛苦当成娱乐发布到网络上去，这显示出他们对孩子的不尊重，使得这种教育方式等同于虐待。在家里受到父母的处罚已经足以让孩子感到羞辱了，更不用说在互联网上公开了。家长们这样做的目的是什么呢？埃尔菲·科恩（Alfie Kohn）在他的《无条件养育》（*Unconditional Parenting*）一书中指出，"许多父母正在摧毁孩子的天性，这真是令人心碎的场景"。能够认清孩子发育水平的父母则往往能以一种合理、冷静和耐心的态度去对待孩子。

研究表明，同情孩子可以加深和巩固亲子关系。同情是正确育儿的基础——父母越是理解孩子，他们之间的关系就越亲密，孩子也就越听话。幼儿调节情绪的能力有限，需要一个有爱心的成年人理解他们、安慰他们、引导他们。经常被暂停活动的孩子可能会更加不善于控制自己的情绪，因为在他们情绪激动的时候，父母还要逼迫他们在没有支持和理解的环境中独处。这类孩子容易被当作难以管教的对象或者被怀疑有多动症。在最坏的情况下，这些儿童可能会做出压抑内心痛苦的反应（隐藏情绪或者干脆放弃表达），最终演变成幼儿抑郁症。

年幼的孩子不理解暂停活动的意义

那些用暂停活动法来处罚幼儿的家长通常缺乏儿童发育方面的知识，因此对孩子抱有不切实际的期望。孩子们发起脾气来会大吵大闹——这说明他们体内的压力荷尔蒙正在喷涌，此时孩子控制自己情绪的能力几乎为零，因此他们比平时更加需要父母。滥用暂停活动法对孩子来说不仅仅是惩罚，更是孤立，并有可能引发孩子长期的生理反应。

如果那些把孩子受罚的视频传到 YouTube 上的父母能够多去理解孩子的情感需要，或者对孩子加以情感引导的话，会大大减轻孩子的焦虑和不安。任何懂得同情孩子的家长都知道，一个十五个月大的幼儿根本不知道把水果扔在地上然后用脚去踩会有什么后果，他不过是在玩而已，而且他喜欢听脚下发出的声音。我在视频中目睹了一个两岁的孩子在角落里罚站，她的妈妈反复质问："你还闹不闹？"孩子呜咽着摇摇头。这孩子之所以摇头，其实是在心里说："不，我不喜欢受罚。"然而，妈妈却坚持要让她的女儿亲口说："是的，妈妈，我不闹了。"

这位母亲不明白，孩子在情绪压力（被暂停活动所引起的）下很难理解父母所说的话和要求。她根本就不清楚"不闹"是什么意思，所以即使孩子点头答应了，她也不知道她答应的是什么。所以极有可能她要不了多久又会被送到角落罚站，甚至还不知道这次又是为什么。

我看到的另一个视频拍摄的是一个大概二十个月大的小男孩——在他的爸爸对着他录像时无助地坐在角落里哭。我们都知道，让这个年龄的孩子坐着不动本身就是件非常困难的事情，而这个小男孩之所以不动，并不是因为他受到了教育，而是因为惧怕拿着相机的那个他称之为爸爸的人。

还有一个只有十二个月大的婴儿，他的父母把他的高脚餐椅推到了角落里，因为他往麦片粥里吐泡泡，还把食物弄洒了。他的父母嘲笑他说："我敢打赌，你下次再也不敢这样做了。"

这些儿童正在被毫无效果的方式管教着，而他们的父母却没有意识到这一点。而后果呢？幼儿暂时停止了错误的行为并不意味着他们真的明白了为什么受惩罚。他们只是暂时停止了他们的行为——因为他们害怕失去父母的爱——而并不会从此不再犯同样的错误。更何况，研究早就证明了，负面威慑根本不会起作用。

让孩子有冷静和思考的机会

三岁以下孩子的大脑发育水平决定了他们无法分析和理解暂停活动法这样复杂的教育方式。我个人反对对任何年龄的儿童使用传统的暂停活动法，因为把孩子遣送到角落或者他自己的房间永远达不到想要的效果。孩子需要知道怎样做才是对的，下一次才不会重复同样的错误——最恰当的教育方式是情感引导和设定限度，这些都可以在冷静的时候完成。

对大多数两岁以上的孩子，我建议父母放弃传统的暂停活动法而采用谈心的方式。这种方式是温和且不带惩罚意味的，它的目的是让孩子在父母的陪伴下逐渐冷静下来，反思他的所作所为，并为他提出一个更好的解决方案。

不过无论是谈心还是各种形式的暂停活动，都不适用于两岁以下的儿童。就好比一个成年人从来没有摸过车，你能期待他知道如何开车吗？

除非你给他们示范，否则幼儿不知道该怎么做。所以，在孩子可以独立面对世界之前，家长都要给予他们指引和教导。

沟通对于我们引导孩子至关重要。处罚会让我们和孩子疏远，妨碍我们帮助他们成为独立的人。《父母、子女与权力斗争》(Kids, Parents, and Power Struggles)一书的作者玛丽·希迪·柯琴卡（Mary Sheedy Kurcinka）认为，如果父母能花时间来倾听和回应孩子的需求，而不是孤立和拒绝他们的话，孩子们会更愿意和父母亲近。孩子需要以父母为榜样，学习如何建立健康的关系。如果父母能够花时间和孩子交流，来帮助他们选择适当的行为的话，就无须动用伤害孩子感情的暂停活动法。

以下是采取冷静法则或者谈心策略的具体步骤。要记住，如果你的孩子还未满两岁的话，请尽量转移孩子的注意力或者把他们的兴趣引导到其他事情上去。切勿和这么小的孩子谈心，年纪决定了他们根本无法理解。

应用冷静法则和谈心策略的步骤：

1. 让自己的视线和孩子在同一水平线上，与孩子进行充分的眼神交流，同时给孩子一些提醒，问他认为自己做的事情是"对"还是"错"。

2. 如果孩子没有平静下来或者停止错误行为的话，带他到一个"安静区"或"思考区"。与他一同坐下，给他帮助和关爱。请记住，你不是在惩罚他。

3. 时间长短并不重要，让孩子平静下来才是关键。不要听信人们常说的"谈话时间等于一分钟时间乘以孩子的年龄"。不要给一个五岁的孩子"五分钟时间去思考"，有时大一些的孩子只需要一两分钟就能想出更好的解决办法来，而一个年幼的孩子则可能需要你抱着他坐上十分钟才能平静下来。无论你看到孩子有什么样的反应，都应该试着同情、接受和面对。一个获得理解的孩子是不太可能一直焦虑下去的。

4. 等孩子平静下来之后，请他告诉你"有什么不对"或者"这是怎么一回事"。如果孩子理解有困难，把他做错的地方重复几次。

5. 问问孩子："下一次你会怎样做呢？"如果他不知道的话，告诉他怎么做才是恰当的。

6. 感谢孩子帮你想出了解决办法。

7. 最后让孩子设想一下："如果你下一次犯同样的错误，会发生什么事情？"告诉孩子，你可以帮助他改正，但你不会容忍不适当的行为。

冷静法则的一个成功案例

在一次和小伙伴玩的时候，五岁的吉丽安用芭比娃娃打了三岁半的丽萃。吉丽安的母亲走过来干预，因为丽萃太小了，还不能用很流利的表达来阻止这种攻击行为。

妈妈："吉丽安，马上停止。（妈妈轻轻拿走芭比娃娃。）我知道你很生气，但任何时候都不能打人，我们要靠说话来解决问题。是什么让你生气呢？"

吉丽安："她抢了我的娃娃——我想要！"（吉丽安继续推搡着丽萃。）

妈妈："我们不可以打人。让我们去另一个房间冷静一下。丽萃，你没事吧？我很抱歉发生这种情况，我们很快就回来。"（这时丽萃的妈妈也过来安慰女儿。）

妈妈（此时和吉丽安在另一个房间里）："吉丽安，这是怎么回事？

你看起来非常生气,你真的非常想要那个娃娃对吧?"

吉丽安:"我是想要娃娃,我喜欢那个芭比娃娃。"

妈妈:"我知道那是你最喜欢的娃娃,但是为了这个对小朋友又推又打对吗?"

吉丽安:"不对。"

妈妈:"如果下次你需要帮助或者生气的时候应该怎么做呢?你还会不会打丽萃呢?"

吉丽安:"不打了,但她不能拿走我最喜欢的芭比娃娃!"

妈妈:"那你告诉妈妈,下一次生气的话你会怎么做?"

吉丽安:"我不打人了。"

妈妈:"还有呢?"

吉丽安:"来找妈妈帮忙。"

妈妈:"那你该怎么说呢?这点也很重要。"

吉丽安:"我会说:'这是我的娃娃!'"

妈妈:"也许你可以说:我正在玩,等我不玩了,就给你玩。"

吉丽安:"好的,妈妈。"

妈妈:"记住,生气的时候要找大人来帮忙,绝对不能打人。如果你再打丽萃的话,她会怎么样?"

吉丽安:"她会伤心。"

妈妈:"是的,她会伤心,你就不能再和丽萃玩了。你明白吗?告诉我下次生气的时候你会怎么做?"

吉丽安:"告诉大人。"

妈妈:"对了,我相信你会的。我爱你。现在我们去看看丽萃吧!"

从这个案例中我们看到，吉丽安的妈妈选择用谈心的策略来教育孩子——前提是有充裕的时间。吉丽安由此懂得了还有其他方式可以获得自己想要的东西，暴力手段是不被接受的。然而，让吉丽安明白道理不是通过处罚或者痛苦的体验，而且她和妈妈之间的感情也没有受到影响。吉丽安的妈妈之所以把女儿带到别处，是因为孩子的行为失去了控制，但并没有让她单独待着。吉丽安的妈妈用理解和关爱的方式对女儿提出了限制，她在让吉丽安继续和丽萃玩之前，先确保吉丽安明白了应该遵守的规矩，并提供了矛盾的解决方案。

为什么奖励无法奏效？

现在有些父母费尽心机地想要操纵子女的行为，而给予奖励是目前很流行的一种手段。给予奖励这种手段非常简单，而且几乎不需要什么亲子之间的互动，这似乎为家长们提供了一种解脱的方式。想要知道孩子为什么对上学反感和恐惧，要花费不少时间和努力，但如果我们承诺在放学后给他喝奶昔的话，孩子很有可能就会妥协。

有些父母认为，如果他们奖励正确的行为，孩子就会继续合作——或者说如果孩子不想做某些事情，奖励将会是一种激励。问题是，如果我们不断承诺，孩子也会不断要求……而这不是孩子的正常成长过程，也不是人类社会运转的方式。其实，相对于玩具来说，孩子更容易为了获得爱、关注、交流和认可而努力表现。家长应该依靠他们和孩子之间的感情来激励孩子，而不是靠奖励。

研究表明，看重奖励的孩子的表现并不怎么好，相比之下，还不如那些没有期待奖励的孩子。而且，更糟糕的是，追求奖励的孩子往往只想完成最低要求，而大多数家长都希望自己的孩子能尽力而为，并从中获得成就感。显然，奖励无法起到这种激励作用或者让人获得满足感。

奖励可能会适得其反

家长们有没有纳闷过，为什么光荣榜的办法会渐渐失效？因为孩子们意识到你在试图让他们做一些事情，他们感到来自外部的压力。而只有当孩子们发自内心地想要完成某项任务的时候，他们才会有成功的愿望。

以下是奖励可能导致的一些常见问题：

● 孩子们会为了奖励或表扬而做事，但并不是真的想做。这将导致孩子丧失自发性，而过于依赖别人。一旦孩子习惯了接受行为的奖励，他们会总是试图取悦别人或者获得外在的肯定。而且，外部奖励也容易上瘾，因而孩子可能会无休止地寻求关注，从而丧失对其他事物的兴趣。一旦他们无法从别人那里感觉到自身的价值，就会产生失败感。

● 称赞孩子的潜力会对他们的心理造成负面影响。"我就知道你能行"或者"来吧！你可以做得更好！"之类的语言，听起来很令人鼓舞，但其实不然——这些言辞里充斥了孩子必须努力超越的期望。于是为了让你对他们的进步感到满意，他们就极力地表现。称赞孩子的潜力会让他们感到你的失望，因为父母的言外之意是"你现在还不够好"。

● 奖励听话的孩子是一种操纵。研究表明，爱给奖励的父母也爱给惩罚。孩子不喜欢被操纵的感觉，甚至把父母的表扬当作轻视。表扬等于在提醒孩子，他正在被你评价和判断。虽然"我的乖孩子！"似乎是一种夸奖，但还是改变不了它是一个论断的本质，这使孩子感到你爱的是他的表现而不是他个人。与其说"好宝贝，你吃完了所有的晚餐"，倒不如说"哇，你吃掉了全部的晚餐，你很爱吃豆角嘛"！

● 孩子们可以轻而易举地发觉你在试图操纵他。这就是为什么他们听了你的褒奖反而会皱眉或者转身走开。如果我对儿子说"你的数学学得真好呀"，他会回答："才不是呢！数学太难了——你可不可以不要这么说话？"认可反而会从孩子们那里得到更好的回应："我看你做数学题很快，你觉得很容易吗？"他们可能会回答说："这种数学题是很容易——我在课堂上就能做出来，但是考试时得高分是很难的。"

● 奖励等同于惩罚，因为孩子们只有顺从才能获得奖励，否则就一无所获。没能赢得表扬或奖励的孩子往往感到失败——他们总是把听话和"你会用什么来奖励我"联系在一起。

● 一旦孩子习惯了通过听话来获得奖励，他们就会成为"狗和骨头"游戏的专家，他们知道怎样做才能得到我们的认可和奖赏。孩子表面上装作合作很容易，因为这并不需要太多的努力。如果我们和孩子的关系从真诚交流变成了相互操纵的话，就会为孩子以后的生活埋下谎言和操纵的祸根。难道我们希望孩子只为了取悦我们而努力吗？还是希望他们为了获得成就感而努力呢？

● 孩子们能感觉到你在把自己的意愿强加到他们身上。因为孩子的表现让你自我感觉良好，所以你才夸奖他们，这一点他们是很容易察觉的。因为只有你觉得满足了,他们才能获得夸奖,所以这会剥夺孩子的满足感。赞美有可能会妨碍到孩子的愿望和个人成就感,孩子们甚至可能会放弃做他们天生擅长的事情,因为他们的父母表现出了过度的期待。

不使用奖励或赞美并不意味着你不能在孩子每次成功的时候欣赏和鼓励他们,只是不要试图操纵孩子的行为。当孩子的努力得到成年人的认可的时候,他们会做得更好。所以,你可以尽情地陶醉于孩子的快乐和成就,只是不要指挥和评断他。爱他、理解他、支持他,这会鼓励孩子发展他真正的爱好。

专家的建议

表扬和奖励是根深蒂固的习惯,因为我们大多数人就是这样被教育和抚养长大的。想要用赞赏和认可来取而代之是需要付出努力的,然而后者会让你和孩子都感觉更充实,并加深你们的亲子关系。表扬或其他奖励的确可以让孩子们去做他们不想或者不爱做的事情。但是,他们并不快乐。因为幸福只能来自让我们的内心感到满足的东西,而这并不需要别人的掌声。我们都不希望孩子成为奖励的瘾君子、大众的取悦者或者认可的追求者,而应该希望他们成为能够自我激励、走自己的路、追求自己的理想的人。如果后者是父母的真实愿望的话,那么就不要褒奖孩子,而应该欣赏孩子。儿童天生就具有强烈的学习欲望,他们的内心本就蕴含着诚实、怜悯和体贴。这些品质要靠我们的引导、示范和鼓励才会浮现。而奖励和夸奖"良好行为"或"良好表现",只会成为孩子的成长道路上的"拦路虎"。

——罗宾·格瑞尔博士(Dr. Robin Grille)
《为一个和平的世界而育儿》(Parenting for a Peaceful World)

第四章　两岁的乖宝宝，三岁的淘宝宝：建立亲密关系的关键时期

以下内容改编自罗宾·格瑞尔博士的《奖励与表扬：有毒的胡萝卜》（*Rewards and Praise: The Poisoned Carrot*），让我们来看一下，如果不表扬的话，我们应该怎么做呢？

- 让孩子关注自己的成就感。成就感可以激励孩子学习。当你看到孩子在进行某项活动的时候，鼓励和支持他："你看起来好像很开心嘛！"或"你感觉好吗？"或"你做得不错嘛！你一定很满意吧？"
- 帮助他进行自我评价。试着问孩子对自己的看法："你觉得你画得怎么样？"或者"你喜欢你搭的城堡吗？"
- 询问他的感受。如果孩子告诉你，他在学校里是老师的小助手，你可以问："你喜欢做这项工作吗？"或"你喜欢帮助别人吗？会不会觉得紧张？"让孩子看到你对他的感受和经历感兴趣，会增进你们之间的感情。
- 多使用以"我"为主语的语句，而不要对孩子进行论断。当你表达你的真实情感的时候，孩子会感受到你话语中的真诚。以"我"为主语的句子，例如"我喜欢你穿的衣服！"或"我爱看你把球打出去的样子！"，要比"你是个很棒的球员！"或者"你真会穿衣服"这样的论断式评价更有勉励意味。不要对孩子说："你把饭都吃了，真是个好孩子！"不妨尝试这样说："谢谢你把饭都吃了！你一定是饿了。"总之，要强调你的感受，而不要评价孩子的表现。"我"字开头的句子可以避免让孩子感觉你在试图操纵他，这样的句子既不会干扰孩子的体验，又巩固了

你们之间的感情。

- 对事不对人。父母应该对孩子表现出兴趣和认可。如果孩子向你展示他在学校制作的泥塑，不要说："你真是个出色的艺术家！"相反，你应该告诉他，你有多喜欢他的艺术作品，你尤其欣赏雕塑的哪些方面——例如颜色和设计，眼睛部位的处理，或者他留在雕塑上的签名。

当孩子耍脾气的时候怎么办？

孩子之所以会耍脾气，是因为他们具有一种天生的、自然的本能，执着于实现全部的愿望，但他们的生理和情感的发育超过了他们的沟通能力。当孩子们觉得自己没有获得充分的自主权的时候，就会非常生气，却又不会表达不满。稍大一些的学龄前儿童如果没能恰当地表达自己的愿望，也会被视为在耍脾气。

耍脾气是一种正常的发育现象。尽管如此，耍脾气终究是人类情绪的一种爆发，需要家长在孩子平静之后给予关注、调查和指导。其实，家长完全可以通过聆听和理解来避免这种爆发，我们也有义务为孩子提供一个安全的地方让他们释放所有的情绪。

常见的耍脾气行为可以分为两种类型，一种是为了表达不满，一种是为了寻求关注。我们都见过那种索要关注的孩子，他们很机灵，会想方设法地达到目的。他可能会在你明令禁止之后还去开饼干筒，然后在你教训他的时候大吵大闹。所以，你最好在设定限度之后就马上走开。与此相反，为了表达不满而耍脾气的孩子则需要家长的帮助和同情。一个试图自己修理玩具或者独立穿衣服的孩子可能会因为失败而出现情绪失控。父母可能会因此而大发雷霆，或者觉得孩子的行为极其好笑，但这两种反应都是不合适的。孩子情感剧烈波动的时候往往是加深你们之间感情的大好时机。父母要在安慰孩子的同时伸出援助之手："爸爸在这里，也许我能帮上忙，宝贝。"父母要鼓励孩子用语言来表达感情，而不要忽略出于不满才耍脾气的孩子。

以下是我和其他家长总结出来的一些技巧，可以帮助你引导为寻求关注而耍脾气的孩子：

- 提前计划。事先提醒孩子："妈妈要去买东西，但之后我们可以去吃汉堡和奶昔。我知道你不愿意去买东西，但妈妈确实需要你的帮助。"
- 表达对孩子的理解和同情。"我知道因为妈妈不让你从婴儿车里下来，你就生妈妈的气了。我很抱歉让你等这么长时间，马上就好了。"
- 保持冷静。如果孩子行为失控，冷静地把他抱起来带到车上去。让他知道你会帮助他，而且会等他先冷静下来再说。不要和孩子争吵或者威胁孩子，更不要对孩子动手。
- 不去理睬。只有你在家的时候才能这么做。如果你觉得孩子正在试图引起你的注意，而你已经尝试了各种方法都没有奏效，你可以适当地不予理睬。但你一定不能走远，而要装作你在忙其他事情：例如洗碗、查收电子邮件或者读书。此外，千万不要对孩子发脾气或者和他争吵，那样只会火上浇油。

如果孩子实在太过吵闹的话,你可以走开,同时对他说:"我的耳朵都被你刺痛了,我要到别的房间去。"在他平静下来之后,你可以说:"你要是需要我,我会在这里。只要你不再闹了,我就可以抱你。"或者"你希望我现在就抱你吗?"有时候,你只需承认你能理解他为什么发脾气,就已经足够让孩子安静下来了。

无论是哪一种耍脾气的类型,都不要和孩子针锋相对。你越是试图控制你的孩子,他越是会抵制。在采取行动前,先弄清楚孩子是不是因为有未得到满足的愿望才耍脾气。如果你自己的情绪也很激动,最糟糕的结果就是你最疼爱的宝贝拒绝你或者对你丧失信心。尊重和指导会极大地帮助你疏导耍脾气的孩子,而你无条件的爱和关怀才会让孩子真正感到幸福。

用毛绒玩具或者手偶来赢得孩子的合作

这个年龄的孩子的想象力正在蓬勃发展,相对于父母的指挥来说,他们更容易接受最心爱的毛绒玩具所发出的指令。你可以充分利用这种心理。我家有一只人人都喜欢的毛绒犀牛,经常充当我的代言人。每当儿子们不乐意打扫他们的房间的时候,我都假借犀牛来说:"孩子们,你们的妈妈已经把洗澡水放好了,如果你们再不把房间打扫干净的话,她就要开始发牢骚了。"听到犀牛这么说,孩子们总是会开怀大笑,然后很听话地去打扫。

当孩子在公众场合耍脾气的时候

有时候,我们不得不在公众场合疏导情绪激动的孩子——没有什么比当着所有人的面和孩子争执不下更丢人的了。假设你正在超市里,孩子和你作对,或者你正带着他在小朋友家做客,可孩子却表现得专横和霸道。这时,如果你发现自己十分愤怒、尴尬,且正在失去耐心,请把孩子带到没有别人的地方,指出他的错误行为并和他讨论解决的方案。当众管教孩子会让他们感到羞耻、难堪和愤怒,而且在旁观者面前,孩子很清楚你们双方都害怕丢人。在这种情况下,试图控制孩子只会引发更强烈的抵触情绪。

这里有一些更好的方法:

- 把你的孩子带到一边,蹲下来和他的视线保持齐平,轻轻地解释你所看到的:"我知道你因为妈妈不让你打开吃的东西而生气。"
- 问孩子:"我能帮你做什么吗?"如果你的孩子还不到三岁,他很可能说不出什么恰当的要求来,那么就请给予孩子同情、鼓励和建议吧!如果你的孩子已经超过四岁了,他也许能提出具体的要求。和孩子说话的时候要就事论事,让他知道你愿意帮忙以及你对他的期望是什么。
- 充分体谅孩子的心情,再根据双方的需要来制订计划。

记住,你越是费力地想要控制孩子,他们就会越难缠、越反抗。如果我们能事先告知孩子我们的预期是什么,他们往往会更合作。想要带着孩子愉快出游,关键是要做好准备和预防工作。

这里有一个值得借鉴的方略：

1. 首先要尊重孩子的感受。
2. 告诉孩子你希望他怎么做。
3. 让孩子知道你会帮助他。

有些烦人的行为其实是正常发育的一部分

幼儿的某些行为看起来似乎就是为了惹你生气，但其实很可能只是孩子智力成长的自然过程——孩子的头脑里总是充满了好奇和无限的想象力。

幼儿好奇心重却又固执，而且意志坚强，探索欲望旺盛。因此，每天你都应该给孩子一些在室内和室外自由玩耍的机会，让他尝试一些具有挑战性和吸引力的新事物。当然，你还要和他聊一聊做这些事情的感受，并表示你能够理解。

幼儿也能认知他们在世界上的角色和他们所具备的能力。他们喜欢不服指挥、逃避约束，想尽一切办法达成愿望，而且最爱说"不"。这当然让家长们感到棘手，但家长们也没有必要对他们太过严格。

如果你发现孩子总是闷闷不乐的话，应该重新评估一下你为孩子安排的日常活动：你是否给了孩子足够的运动时间、安静时间和各种活动来锻炼孩子的智力和体能呢？孩子们需要定期学习新的技能，当孩子们学习和掌握新知识的时候，他们的烦闷就会减少很多。

以下是家长们的一些常见困扰：

咬人

小孩子咬人是最难对付的问题之一。小孩的咬伤很容易感染,所以你应该将其视为一个安全问题而立即制止。

咬人行为在幼儿群体中非常常见,尤其是那些还不太会说话且爱冲动的孩子。孩子精力过剩或者过于兴奋的时候,就有可能选择用咬人的方式来发泄。但也可能是长牙的原因,啃咬会让他们觉得舒服一些,或者他们看到被咬的人的激烈反应觉得很过瘾。多数情况下,孩子咬人都是因为焦虑时找不到其他的发泄手段。

例如,他可能觉得正在参与的活动太难了,或者环境过于杂乱,也可能因为得不到想要的玩具而生气。因为孩子还不具备语言表达的能力,所以只能借助咬人来达到目的。

如何纠正孩子咬人的习惯:

- 如果孩子咬人,立即把他带走。检查被咬的孩子,给他包扎、拥抱和亲吻。向咬人的孩子解释,他会伤害到他人,而且这种行为"不好"。然后说:"妈妈可以帮你,不许咬人,下一次一定要先找妈妈。"
- 让孩子从事和他们发育水平相吻合的活动。
- 提供足够的玩具,以免争抢。
- 告诉孩子可以拒绝别人的要求,但不能咬人。
- 多关注咬人的孩子,慢慢就能预测在什么情况下他可能会咬人。

打人

你可能会认为，如果把孩子送到我家里来玩的话就可以高枕无忧，因为我是儿童行为专家，对不对？

其实不见得。

不久以前，我三岁的小儿子邀请了一个四岁的小朋友来玩，结果两人推搡叫嚷起来，并迅速升级为大打出手。我知道自己的儿子在不顺心的时候很暴躁，所以每次有玩伴来做客时，都必须有人在附近密切注意是否有争执发生。

当时我八岁的大儿子就在他弟弟和那个四岁的小朋友身边玩。当两个小家伙开始互相推搡和厮打时（你可以想象我的家里当时是什么景象），我过去把这两个气呼呼的孩子分开，打算用冷静法则分别对他们进行引导。正当我向三岁的儿子解释"与他人游戏的规则"的时候（很像吉丽安的妈妈对娃娃之争的做法），我听到我的大儿子也在和那个四岁的小朋友进行相似的对话。

四岁的孩子问道："你的妈妈会惩罚我吗？"

我的大儿子说："不，我们家从不惩罚任何人。她会问你做错了什么，以及下一次你该怎么做，就是这样而已，你不用担心。"

当时我的心里是那么的温暖。我的大儿子说的是真话，我们从不惩罚孩子，我们只设定限度、同情孩子，并教会孩子今后该怎么和小朋友们相处。

当孩子打父母的时候。为了防止孩子打别人，首先要杜绝的是孩子打你的行为。

你可以这样做：

1. 告诉孩子："不许打人，这样做不对。"如果他还不住手，就抓住他的手。
2. 表明你了解经过："我知道你想离开，所以生爸爸的气，但打人是不对的。"
3. 鼓励孩子用语言来表达，或者跺跺脚也行。要让孩子知道，生气没有错，表达怒气也可以，但永远不能动手。你可以说："生气的时候可以说出来。"再进一步说明："下次生气的时候先告诉爸爸妈妈，而不是打人。打人多疼啊，这么做是不对的。"
4. 在孩子平静下来之后对他说："我知道你非常想要那个东西，但爸爸不肯给你，所以你才生气的，但是任何时候你都不应该打人。"
5. 问他下一次会怎么做："下次爸爸再让你生气，你会怎么办？"
6. 告诉孩子："我们会一直帮助你的，特别是在你生气或需要帮助的时候。"
7. 如果孩子还是继续打人，就带他去安静一下。在他冷静之后，再实施上述的步骤。

当孩子打别的孩子的时候。因为打人通常是自发的行为，所以我们需要特别关注那些自控能力差的孩子。就我们家而言，我的大儿子性格平和，即使和别的小朋友发生矛盾也很少动手。但我三岁的小儿子就需要密切监督，因为他脾气火暴。任何时候都别小看攻击的行为，厮打、推搡和各类残忍行为都必须立刻管教。当孩子开始厮打的时候，你可以这样做：

1. 告诉他们："打人是错的。"把两个打架的孩子分开。
2. 问孩子为什么打架："我知道你很生气，但任何时候都不能打人或者推搡。你能告诉我是怎么回事，或者你为什么生气吗？"
3. 鼓励他们用语言或者跺脚来表达愤怒，让他们知道发怒和表达愤怒都是可以的，但绝对不能动手。你可以说："生气的时候可以说出来。打人会痛，而且是错误的。"
4. 在孩子平静下来之后，你可以说："我知道得不到想要的东西很让人沮丧，但你不可以打人。"
5. 提醒他们如果语言解决不了问题，要找成年人帮忙。
6. 问孩子："下次生气的时候，你会怎么办？"我们希望他们会回答："说出来，或者找大人帮助。"如果他们不知道该怎么做，帮助他们思考。
7. 最后总结一下："大人任何时候都在这里，特别是当你生气或需要帮助的时候，他们可以帮助你。我相信你不会再打人了。"
8. 如果下次孩子再打人，让他和你一起坐下来冷静思考一下。

到处乱跑

说不定什么时候，孩子就会离开你的身边而闯入有潜在危险的环境。以下是保护你的小宝贝远离伤害的一些技巧：

● 带孩子出门之前提醒他们："我们要去公园，不能离开妈妈身边啊！"

- 到达目的地之后，留出一些时间专门让孩子四处奔跑一会儿来释放能量。
- 如果你家里有庭院的话，练习和孩子玩"停止"的游戏，让他知道在外面的时候，如果你说"停止"，他就必须停下来。
- 无论身在何处，都务必看好你的孩子。
- 如果孩子有乱跑的苗头，立即抓住他并让他知道不能离开你太远。不要生气，乱跑是小孩在这个发育阶段的正常行为。
- 让他知道，如果他控制不了乱跑的话，可以牵着你的手或者坐在推车里吃点心。

有些人认为，如果孩子在这种时候不服管的话，就应该打他屁股。这种想法绝对是错误的！打屁股并不能阻止孩子们跑到街上去，而只会使他们对打他的人更反感。我们希望孩子能对街上车流的危险有正确的认识和必要的恐惧感，所以你应该用严肃的语气向孩子表达你的担忧，并且告诉孩子你会教他如何保证安全。你应该请求孩子跟你合作，然后感谢他认真地倾听了你的建议。如果你能将惩罚孩子变成指导孩子，并和孩子沟通，你们之间就会建立起信任——信任会培养出负责任的孩子。

教会幼儿和学龄前儿童如何分享

家长们都希望自己的孩子是有爱心的，并且能够在和小朋友们做游戏时懂得分享。当你的孩子拒绝和朋友分享他的玩具的时候，他并不是真的自私——他的年龄决定了他的行为。分享是一种慢慢养成的好习惯，而在这之前，争夺玩具是不可避免的普遍行为。

对于不肯和人分享东西的孩子，如果他两岁或者更小的话，转移他们的注意力是最好的解决办法。孩子通过模仿他们的父母和兄弟姐妹来学会分享，因而他们会注意你的行为，会以你为榜样。所以，如果你能够做到分享，他们迟早也会这样做。你应该多陪孩子一起玩，多让孩子和你分享玩具、碗中的食物或者任何适合他探索的东西，让他习惯跟大家分享。

如果你的孩子已经超过三岁，而你又不想看他当众吵闹的话，不妨让孩子在朋友到来之前把部分最喜欢的玩具收起来，并告诉他这些玩具可以不和小朋友们分享。同时让孩子知道，那些留在外面的玩具是提供给所有孩子一起玩的。

另一种办法是允许你的孩子在把玩具给小朋友玩之前先独占一会儿。如果孩子在没有独享玩具之前就被要求和人分享的话，可能会导致他对分享产生抵制情绪。但如果他有机会先满足自己的好奇心，就可能会更愿意轮流玩。只要我们不坚持让自己的孩子做出牺牲，就会帮助他们树立正确的分享观念，并逐渐养成轮流分享的好习惯。

你还可以教会孩子一些恰当的分享用语。例如：

- "我能玩一会儿吗？"
- "等你用完了，我可以用吗？"
- "你想试试吗？"
- "我能和你一起玩吗？"

永远不要因为孩子不肯分享而惩罚他,也不要把这当成一个很严重的毛病。不要让教会孩子分享的过程变成一场你们之间的较量。当孩子不愿意分享的时候,你可以介入并替他说话,这是在展现你对他的理解,同时也是在向孩子示范正确的处理方式。

假设你的儿子把他的玩具丢在沙堆上,但看到有其他孩子拾起来的时候又马上跑过来抢走,你可以这样对那个孩子说:"他抢走了你的铁锹,我替他向你道歉。但是他也很想玩,你愿不愿意等他玩完了再给你?"然后对你的儿子说:"亚伦,下次当你想要某个玩具的时候,一定要让妈妈来帮你拿,妈妈一定会帮你的,抢别人手里的东西是不对的。"

孩子们喜欢被理解,而且随着时间的推移会开始信任你的话,并模仿你关心和分享的做法。

在游乐场所应该遵守的礼貌

如果你的孩子表现得很好斗,不肯与其他孩子合作,你也可以采取一些措施来教育他。假如你的孩子不肯把秋千让给别人或者在滑梯上拒绝别人通过,请按照下面的步骤来做:

1. 接受孩子的感受:"我知道你喜欢荡秋千,所以你不想下来。这是不是你在公园里最喜欢的游戏呢?"
2. 确认孩子的想法:"你是因为太喜欢荡秋千,所以才不愿意下来,是吗?"
3. 引导孩子进行思考:"你有没有想过,其他孩子玩不到秋千会怎么想?"
4. 请孩子帮助你解决问题:"我们怎样能让其他孩子也感觉高兴呢?"

你需要的是孩子的合作，而不是顺从。教育孩子最好的方式是给他们示范正确的行为。

如果你的孩子不愿意和公园里其他孩子分享他的沙滩玩具或足球的话，问他下次出来玩的时候是否愿意把玩具都留在家里。没必要为这种事情跟孩子较劲，因为我们都知道，孩子总是觉得别人手里的玩具更有趣。所以，让孩子做好心理准备才是关键！另一种选择是，让孩子只带可以和别人分享的玩具——这样就可以避免你和孩子在公园的游玩之旅以争执告终。

 关于孩子把衣服弄脏的问题

孩子的衣服脏一些没什么大不了的，用不着大惊小怪。谁规定孩子随时随地都要保持整洁呢？

你是否知道，户外玩耍有助于提高孩子的自立能力与合作能力呢？户外游戏还可以缓解压力和减少哭闹。岩石、沙土、泥巴、树枝和水都是户外乐趣的一部分。

孩子们可以在大自然中学会辨认各种自然物质并将其分类，而且冒险本身就会给孩子带来兴奋和愉悦——所以允许孩子在学习、生活和娱乐的过程中弄脏他们的衣服吧！

童年初期常见的恐惧

否定孩子的恐惧似乎已经变成了我们的第二天性——因为我们以为自己可以保护他们。我们知道世上不存在什么怪兽，但对儿童而言，对未知事物的恐惧是顺其自然地产生的，所以他们真的相信床底下可能藏着怪兽。当你的孩子迈入两岁之后，很多之前他并不害怕的东西会突然间变得可怕起来。我的邻居对我说："我的孩子在两岁时常看《狮子王》

(*Lion King*),可如今他四岁了,却再也不敢看了。"

各种年龄段的儿童都有害怕的东西,有些恐惧甚至会持续到成年之后。帮助孩子对付恐惧最有效的方式是给他们支持和鼓励,否认或是轻视孩子的恐惧只会让他们感到脆弱无助。儿童的想象力是随着年纪增长的,其中也包括对恐怖事物的想象力,所以各个年龄段儿童的恐惧是不同的。父母首先要了解孩子的恐惧来自何处,然后再针对不同的恐惧采取不同的措施。

幼儿的恐惧

幼儿可能害怕黑暗、雷电、大的声音、动物、陌生人或是和亲密的人分离。我的侄女就特别担心自己会掉进马桶中或是顺着浴缸的下水道被冲走。

对于这个年龄段的孩子来说,最大的恐惧是和亲人分离。幼儿的分离焦虑实际上是一种发育的征兆。我们可以很容易地把婴儿交给另一个人来抱,因为那时的孩子还根本不理解周围的世界,绝大多数时间里他似乎相当心满意足。

然而,随着孩子的发育进入新的阶段,处在学步期的孩子开始发现,世界上的事物在外观、气味和感觉上有千差万别。在这个时期,孩子开始注意到,很多东西和人都会反复出现,包括妈妈和爸爸。分离焦虑可以一直持续到上小学之前。

大一点的孩子的恐惧

四岁的孩子可能会担心失去父母或者失去某些权利。例如,这个年龄段的孩子可能会害怕游泳、结交新朋友或者适应新环境。五岁的孩子则会害怕更加具体的或者实际的东西：例如受伤、当众出丑、被拒绝、动物、黑暗、死亡或者和爸爸妈妈分离。

　　有时候，为了消除某种恐惧，孩子需要先掌握某种技能。几年以前，我的儿子很不愿意学习骑自行车。当他发现自己不能立刻就学会的时候，他十分沮丧，屡试屡败让他觉得非常没有面子。但经过我们的鼓励和支持之后，他慢慢地又开始尝试了。我们没有催促他，而是耐心地等待他自愿去做。

　　无论多大的孩子，只要你给予足够的支持，都能帮助他减少恐惧。你可以尝试使用这样的语句：

- "我看你好像不太喜欢待在游泳池里，先上来吧，什么时候你想下去再告诉我。"
- "哇，这里有很多你不认识的孩子，你不知道该跟谁一起玩吧？"

　　对待小孩子的恐惧，父母一定要以积极和鼓励的态度来应对。以下是一些积极应对的方法：

- 给予尊重。永远不要轻视或者忽略孩子的恐惧，更不要斥之为无稽之谈。
- 知道孩子的大多数恐惧都将随着年龄的增长而消失。
- 通过聆听和尊重孩子的感受，来让他们慢慢地克服恐惧。
- 了解不同年龄段的孩子的不同恐惧。

　　如果你发现孩子的恐惧已经濒临失控，扰乱了家庭生活或干扰了学校教育，那么就请你们的家庭儿科医生把孩子转给一位心理治疗专家。请记住，适度的恐惧是好的，孩子应该保持一种健康的警惕意识。奇怪的人、陌生的狗或者复杂的情况都可能是危险的——我们希望孩子能相信自己的直觉。

带孩子外出就餐

多数家庭都会偶尔带着年幼的孩子一同去饭店吃饭，但也有些家庭无论如何都不敢承担这样一个艰巨的任务。其实也没有什么难的，而且每个家长都可以从中学到很多东西。

你应该经常带孩子去餐馆，因为这样他们会更快地了解自己该怎样表现，也可以学习在公共场合就餐的礼仪。第一次带他们出去吃饭可能会是一项挑战，所以最好从小咖啡馆或适合家庭就餐的场所开始。如果你的孩子比较挑食，那么最好在去之前确定饭店里有他喜欢吃的东西，不过大多数餐馆都会顺应孩子的口味为他们准备一些菜肴。另外，如果你的孩子碰巧在抵达餐馆的时候饥饿难忍，他们可能会因为发脾气而拒绝吃任何东西。

一定要在去就餐之前就让孩子清楚应该怎样表现——适当的就餐礼仪一般包括小声说话和不四处走动。我们的目标是不让孩子打扰到其他食客，同时还要确保他们明白行为规范。如果孩子开始出现大吵大闹的苗头，那么就是该离开的时候了。但是不要从此放弃下馆子，即使是刚刚经历了一场噩梦般的体验，也要再试几次。

带孩子外出就餐之前的准备：

- 在出门之前告诉孩子你希望他怎样表现。
- 在抵达餐馆之前务必清楚地讲明餐馆的规定。
- 选择欢迎儿童就餐的餐馆。
- 带一包可以在餐馆里玩的玩具，例如体积小的玩具、可以动手玩的书或者小玩偶等。
- 早点光顾餐馆，以免餐馆人过多或者孩子太过饥肠辘辘。

有一次我和丈夫决定尝试一个适合家庭聚餐的意大利餐厅，这是我们两岁的小儿子首次外出就餐。我的上帝！在整个就餐过程中，他一会儿爬到桌子下面去，一会儿跳上服务台，不但拒绝吃任何东西，还大声地说："我不吃，妈妈！"我平静地对丈夫说："亲爱的，我想我必须带着这个小野人回到车上去，请帮我打包我的晚餐。"

我七岁的大儿子自始至终目睹着一切，但他什么都不说，只是静静地坐着。如果他长大后成为一名心理医生，我一定不会感到惊讶。正当我和我那精力充沛的小儿子"搏斗"的时候，我的大儿子说："妈妈，如果你连自己的孩子都搞不定，怎么能指导其他人教育孩子呢？"

真是童言无忌啊！不过他的话倒提醒了我，所有父母都需要这条建议：我们必须先稳定自己的情绪，以免让怒气冲昏了头脑。如果你发现自己开始失去耐心而变得急躁起来，那么从一数到十，平静一下，然后再带着孩子离开公共场合。

幼儿的牙齿保健和第一次看牙医

从孩子半岁开始,你就可以用浸湿的婴儿毛巾为宝宝清洁牙龈了。在孩子两岁之前,后面的臼齿就会长出来,这时你就可以改用柔软的婴儿软毛刷或者幼儿牙刷来给他刷牙了。因为小宝宝喜欢在刷牙时走动,因此最好选用有三角防护盾的安全牙刷。

让孩子自己刷牙

从你开始给孩子刷牙的那天起,你就会发现他们对自己刷牙有着强烈的欲望。我们的牙科医生说,十岁之前,家长每天都应该至少协助孩子刷牙一次,因为后面的臼齿需要父母的帮助才能刷到。父母可以和孩子同时刷牙,以便确保他刷得干净。

如果孩子拒绝你的帮助,你可以告诉他,你答应了牙医你会帮助他刷牙。然后,你可以指出他遗落的地方,帮他收尾。这样,孩子就在你的帮助下彻底地清洁了牙齿。我的两个孩子都很不乐意刷牙——这的确是很棘手的事情,但为了避免蛀牙,该做的事情还是得做。我们的牙科医生告诉孩子们,如果他们不认真刷牙的话,"牙垢虫虫"就会寄生在他们的牙齿里。孩子们觉得这是很恶心的事情,所以只要我一提到虫虫的事情,他们就会乖乖地刷牙!

如果你的孩子也不爱刷牙的话,你可以尝试买一个带有他最喜欢的卡通人物的牙刷。你也可以给他同时买几个牙刷,每次可以由他选择。我喜欢让孩子们使用电动牙刷,因为它们可以有效去除牙垢。我们为孩子买过巴斯光年等各种卡通人物的牙刷,你能想到的我们都买过——只要能帮助孩子们保持良好的口腔卫生状况。

第一次看牙医

家长们都想知道究竟什么时候应该开始带孩子去看牙医。有些儿童牙医建议最早从一岁开始（或者等孩子长出几颗牙齿之后）。在初次带孩子看牙医之前，要做好充分的准备。这里有一些小窍门，可以让诊断的过程更加安静、有趣：

- 提前给医生的办公室打电话，问清接诊程序。（例如，他们是否允许婴儿或幼儿坐在妈妈腿上接受检查，检查过后他们是否会奖励给孩子一些贴纸或其他礼物，或者天花板上是否有播放动画片的屏幕。）
- 让孩子知道你要带他去看牙医，而且告诉他这是每个小朋友都必须做的事情。
- 告诉他，牙医会让他躺在一张很酷的活动椅子上，然后数一数他的牙齿，并教他如何刷牙，最后还会送给他一支全新的牙刷，还有可能从百宝箱里拿一个好玩的玩具给他。
- 在家里扮成牙医和孩子做游戏，引导他把看牙当作是一件有趣和开心的事情。

如果家长能高高兴兴地带着孩子去牙医那里，孩子也很有可能会兴奋起来。

如厕训练

你见过哪个正常的成年人还不会自己上厕所的吗？至少我没遇见

第四章　两岁的乖宝宝，三岁的淘宝宝：建立亲密关系的关键时期

过。不要以为倘若你不认真训练孩子上厕所，就会导致他直到上小学还穿纸尿裤。膀胱控制是一种生理机能，不是一朝一夕就能让孩子学会的。

用小贴纸、光荣榜和玩具奖励孩子并不会加快训练的进程。强迫孩子使用便盆只会带来更多的麻烦。为如厕的事情争执会破坏原本良好的亲子关系。如果你没有在孩子第一次走路的时候奖励他，为什么要为了他突然能控制尿尿的欲望而褒奖他呢？孩子们平均需要花费至少十二个月才能掌握这项本领。女孩通常在两岁半开始学会使用便盆，而男孩子们则要等到三周岁的时候才行。

当宝宝满十五个月的时候，你可以购置一个可爱的便盆或儿童坐便椅。在温暖的季节把它带到户外，并让孩子脱了纸尿裤玩。孩子需要知道他们的尿来自哪里，如果尿在纸尿裤里的话他们就无法了解到这一点。但如果让孩子在灌木丛或是草地上小便的话，你可以告诉他们说："看，这就是你的尿尿。"不要表现得太高兴，只需用很平常的口吻就行了。

你应当在相当长的一段时间里让孩子经常使用便盆，让他们逐渐养成习惯，而不要去催促他们。孩子们需要经常看到爸爸妈妈、兄弟姐妹或他们的同龄人使用厕所，这样他们很有可能会觉得去厕所是一件很好玩的事情。难道这种毫无压力的方法不比那些强迫孩子长大的方式更合适吗？

给孩子一个宽松和鼓励的环境，会让他们自发地学习使用便盆。上幼儿园的孩子往往会更早学会上厕所，因为他们可以模仿自己的同龄人。你唯一需要做的事情就是提供便盆，并且经常给他们做示范。为什么不放轻松些，好好享受你和孩子相处的时光呢？要知道，一眨眼的工夫他们就会长大，离开父母去上大学，你会因为自己没有珍惜和他们在

一起的时光而追悔莫及的!

最后再提一点:尽管没有什么所谓的最佳训练年龄,但是如果你的孩子超过四岁还不会上厕所的话,请咨询你的儿科医生。

睡眠问题

孩子在五岁之前,有一半的时间都花在了睡觉上。从生物学的角度来讲,孩子的身体和大脑需要尽可能多的睡眠,以便他能集中精神、控制情绪和正常发育。睡眠研究显示,睡眠缺乏最早在蹒跚学步的年龄就可能出现。睡眠不足或者入睡困难会导致幼儿无法集中精神,让他们更容易情绪失控,结果使得他们因为经常和小朋友发生矛盾而难以和人共处。无论什么年龄的儿童,如果睡眠不足的话都会出现很多问题。

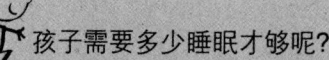 孩子需要多少睡眠才够呢?

一岁:13小时

两岁:12～15小时(包括午睡)

三岁:11～14小时(包括午睡)

四岁:10～13小时(包括午睡)

五岁:10～12.5小时(不包括午睡)

影响孩子睡眠的因素有很多,父母可以观察孩子的日常生活,看看是否有某些习惯或者某个事件让孩子紧张。当一个孩子觉得自己的安全受到威胁时,他体内的紧张激素就会增多,这会使他无法获得良好的睡眠。家长施加的压力、和亲密的人分离、过度的刺激、让他郁闷的事件、过度忙碌、第二天的比赛或者任何作息时间上的变动,都可能会超出孩子的应对能力。当孩子因为睡眠不足而发脾气的时候，父母应当反思背后是否存在隐藏的问题。一旦你抓住了罪魁祸首，就可以放松下来并努力解决问题，这样就能让孩子得到良好睡眠，保障孩子的健康发育和家庭的和睦。

何种程度的睡眠不足会导致异常行为？

你的孩子是否在应该睡觉的时候精神亢奋？他会不会莫名其妙地发脾气，或者对一件原本很平常的事情做出过激的情绪反应？他是否经常打人，或者频繁地从壁橱里翻找零食，或者经常表现得很狂躁？这主要是因为孩子过于疲惫，无法适当地调节他们的身体和情绪。面临这种困扰的父母不必担忧，因为有睡眠问题的孩子很多，我的小儿子就是其中一个。我总是必须花费很大的力气才能确保我的小儿子获得足够的睡眠，否则他根本就无法正常生活。

正如你不能强迫马去饮水一样，你也不能强迫孩子睡觉，但你可以为他们创造一个舒适的入睡环境。无论成人还是儿童都需要休息，有什么比父母和孩子相互依偎在灯光柔和的房间里，用温柔的语调讲故事更让人容易入睡呢？

怎样确保孩子获得充足的睡眠：

- 有午睡习惯的儿童较少出现行为问题。如果你的孩子不到四岁，要确保他每天定时睡午觉。
- 晚饭后玩耍不要过于激烈，临近睡前过多活动会让孩子毫无睡意。
- 规定每晚在固定的时间让孩子睡觉，并且要坚持。

- 形成一个轻松的就寝程序，例如在洗澡之后讲故事。
- 注意保持舒适的卧室温度——不要太热也不要太冷。
- 确保孩子有一个舒适、温馨和幽暗的睡眠环境。如果有必要，可以使用声音助眠机（但要注意控制音量）或者小夜灯。

如果孩子不爱午睡，怎么办？

年幼的孩子需要每天午睡。大多数孩子在五岁之前都应该定时睡午觉，但也并非都是如此。我的两个孩子在两岁之前都能很好地自己睡午觉，但过了这个年龄，我就必须陪伴他们直到睡着。我们家是很看重午睡的，因为如果少了午睡，孩子一定会在晚上六点钟的时候犯困。

然而有些孩子天生就不喜欢在白天睡觉，所以要等到三岁之后才肯午睡。如果你的孩子已经不再午睡的话，务必要让他晚上早点上床，以确保他能睡足十三个小时。我的大儿子自从三岁之后就不再午睡了，但是他性格温和，即便不午睡也能很乖地度过一整天——和我那个性十足的三岁的小儿子正好相反，他不午睡可是绝对不行的！

如果你已经哄了孩子半个小时，但他还没有睡意，不妨把书拿出来给他讲讲故事，这样至少增加了你的休息时间，孩子也得以每天都获得一段安静的时光。所以，把灯光调暗，上床躺下，阅读温馨的故事吧。

关于电视和 DVD

婴幼儿最好是通过和父母以及身边环境的交流来学习，而不是通过电视或者 DVD 来学习。简而言之，宝宝们不需要看电视。婴幼儿依靠触摸、感觉和体验真实的、立体的世界来茁壮成长。

第四章 两岁的乖宝宝，三岁的淘宝宝：建立亲密关系的关键时期

这并不是说你不能趁播放 DVD 的时间（十五到二十分钟）来准备晚餐。不过，我建议你谨慎选择给孩子观看的节目，以确保节目内容适合他的年龄。我知道，我们都不是完美的父母，都会时不时地利用 DVD 来减轻我们管理孩子的负担。然而，美国儿科学会不建议给两岁以下的孩子观看电视或 DVD，但加拿大儿科学会则认为，适度地观看电视或者 DVD 对于一岁以上的孩子来说是可以接受的。

 专家意见：该看多少电视

不管你是否已经意识到，我们如今生活在一个充斥着媒体信息的时代，想要回避接触媒体已经是不可能的事情了。媒体本身并没有什么不妥，但其中可能存在不良内容。电影里的坏人在现实中确实存在，网络上也隐藏着危险。媒体已经成为现代社会的说书艺人。但是，这并不全是坏事。电视上确实有不少愚蠢的故事，但我认为书里的故事也不是都那么睿智。重要的是，媒体可以提供很多信息，包括好故事、好寓言和各种知识。把孩子和媒体彻底隔离开来既不现实也没有益处，那样只会让他们在今天这个信息密集的时代处于劣势地位。相反，父母应该让孩子跟上资讯的脚步，但要注意尺度，还要避免那些主流媒体中的不健康的内容。随着孩子渐渐长大，你应该对他们进行媒体的相关教育，给他们打好预防针，这样当他们开始接触媒体之后才能拒绝不良信息，避免潜在腐蚀，并最大限度地受益于资讯。

——戴维·达特温（David Dutwin）博士，《把孩子和媒体隔离》（Unplug Your Kids）

问题的关键是弄清楚看电视的目的是什么——仅供娱乐而已。当下关于家长是否应该让自己年幼的孩子看电视或 DVD 的讨论在各种媒体

上铺天盖地，我认为其实人们主要是担心家长用看电视来取代亲子之间的交流和真实的生活环境，以及占用原本应该与家人在一起的时间。随着孩子慢慢长大，适度地使用电视和网络不仅可以提供宝贵的教育资源，还能为孩子创造一个健康的交际平台。特别提醒家长们注意：我个人对看 DVD 持比较宽松的观点，因为我自己也很喜欢看，所以也允许我的孩子们这样做。不过，我不建议家长在孩子们的卧室里安置电视机。所有媒体工具，包括电脑，都应该摆放在一个开放的空间或者家庭公共区域里，方便父母随时监管孩子观看的内容和时间。

闪电私语小贴士

通过互动培养丰富的感情

在遇到困境时，可以尝试通过没有生命的物品（例如毛绒玩具）或者有生命的动物（例如家里的宠物）来对孩子说话。孩子们都喜欢被身边的事物所理解。

当儿子们追赶我们家的猫时，我会对他们说："猫猫告诉我，它害怕你们追它。你们为什么不自己问问它呢？"当孩子们真的过去问的时候，我扮成猫的声音，尽管我就站在他们身边，但他们似乎没有注意到其实是我在说话。我蹲下来用小猫一样的声音说："请不要追我。我喜欢你们把我当成宠物，但每次你们追我，我都害怕得想要躲起来。"孩子们由此就不再追赶猫了。在小孩子还相信童话的时候，充分采用这种教育手段吧！

第四章 两岁的乖宝宝，三岁的淘宝宝：建立亲密关系的关键时期

重复利用旧玩具

当你发现家里的玩具多得惊人的时候，你可能会开始丢掉一些玩具，因为孩子在不同的成长阶段似乎喜欢不同类型的玩具。但是，不要因为他们失去了兴趣就立刻把某些玩具丢掉，因为它们可能会再次发挥作用。

两岁的孩子在玩农场模型玩具的时候可能只会打开谷仓的门，拿着小马跑一跑。然而等他到了四岁的时候，戏剧天分就充分发挥出来了，他有可能会扮成农民与之交谈，或者想出让马去拉干草的点子。

为了让孩子的玩具发挥最大的效益，不妨把他们喜欢的那些暂时收起来，不时拿出一部分并定期轮换，这样能让孩子重新燃起对旧玩具的兴趣。每隔三五个月就把一部分旧玩具拿出来，孩子的反应会让你惊喜的。

用有趣的方式来让宝宝乖乖坐着剪指甲

不知道是什么原因，孩子们好像都不喜欢乖乖坐着剪指甲，这点我很不理解，因为我太喜欢有人给我做美甲了！

让我给你出一个新颖的主意，可以让你的孩子乖乖地让你给他剪指甲：给这个过程添加一点冒险和戏剧性的味道。这个点子几乎屡试不爽！告诉孩子你需要把河马和犀牛还有其他八只动物从他的脚趾里救出来。你每剪完一个指甲就说："看！犀牛跑出来了！太好了！"或者"哦，我看到了长颈鹿在这只脚趾里！"听你这么一说，孩子就很有可能会乖乖地坐着等你把十指指甲都修剪完，因为他迫不及待地想要知道接下来被救出来的动物是什么！

第五章 伴随成长而来的挑战：
与四到七岁的孩子保持亲密

> 孩子容易在遭受挫折或感到无助的时候表现不好。
>
> ——凯瑟琳·沃尔斯（Kathryn Kvols），
>
> 《重塑儿童行为》（*Redirecting Children's Behavior*）

你可能认为，孩子到了这个年龄，感情冲动会逐渐减少，并且已经具有自控能力。他们更加适应身边的环境，也更加明白事理，并开始显现出真正的个性来。在这个年龄段，他们达到了足够的智力水平来依据自身的想法和感受做出一些决定，而不需要我们的干预。然而，他们在交际和情感方面的发育是我们无法轻易观察或评估的。从现在起到上大学之前，孩子可能在生理上会越来越像个大人，但其实在心智上依然是个孩子。我们有责任保护他们的天真和纯洁，直到他们向我们证明不再需要我们的指导为止。作为父母，我们的任务就是要根据孩子不断变化的需要来给予他们指导和支持。

到了这个阶段，你应该已经了解了孩子的个性是怎样的。例如，我的大儿子生性敏感、乖巧，需要学会如何拒绝，同时也需要建立足够的自信来坚持自己的观点。而我三岁的小儿子则恰恰相反，他活泼好动且容易冲动，需要我们帮助他感觉自己更强大，同时还要给予他一定的自主权，否则他就容易在心情不好的时候情绪失控。相对于大儿子来说，我们对小儿子要更加严格地规定限度，我们还必须在遇到有挑战性的环境之前给小儿子做好准备，因为他经常在冲动之下做出不适当的反应。总之，没有哪一种教育方法是万能的，不同的孩子要用不同的方式来教育。

无论你的孩子性格怎样，让他有健康地表达情感的机会都是成功的父母必须做到的。只有设定清晰的限度并提出明确的要求，才有可能让孩子持续地合作并培养他们的责任感。当孩子遇上束手无策的情况时，例如他们极度任性或者乖张的时候，你该怎么办呢？不管是爱发牢骚、冲动好斗还是正在伤心难过，孩子们都需要我们的关心和指导！

哭鼻子的问题

当我还是个孩子的时候，我的父母只要看到我哭就会命令我立刻停止——不管我哭的理由是什么。在父母的这种管教下，少女时期的我总是极力不让眼泪掉下来。我从来没有可以发泄情感的渠道，只知道用最原始的方法表达感情——不是通过愤怒就是通过悲伤。当我终于离开父母去上大学之后，我才开始在接下来的几年内经常掉眼泪，仿佛过去十八年里积蓄的泪水终于到了释放的机会。其实我在内心深处一直都知道应该让自己的眼泪流出来，所以当我终于可以想哭就哭的时候，自然就一发不可收拾了。

如果你让空气在瓶子里不断膨胀的话，瓶子迟早会爆炸。试问有哪个家长会希望他们的孩子情绪爆发呢？我的两个孩子都很能哭——经常哭而且是痛快地哭，有时我甚至觉得他们是在弥补我小时候压抑的那些眼泪。

当然没有父母是乐意看到孩子哭的，不仅仅是因为不忍心看他们难过的样子，更是因为人们普遍把哭泣看作是软弱和没有自制能力的标志。其实，孩子哭泣是很正常和健康的行为，因为在幼年乃至以后整个人生中，哭泣都有诸多的积极作用。婴儿哭泣是因为这是他们唯一的沟通手段，幼儿哭泣是因为他们还没有足够的语言能力来表达自己的感受。在痛哭一场之后，孩子会更容易和你诉说他的心情。所以，请给你哭泣的孩子以足够的爱与支持，即使你认为他哭泣的理由是毫无意义的。

如何帮助孩子度过父母不在身边的时间

当爸爸妈妈出差的时候，孩子会很不好过。因为他们还不具备足够的情感词汇来表达见不到爸爸妈妈的心情。他们宣泄这种情绪的方式可能是独处、悲伤或者愤怒，甚至是任性不乖。年幼的孩子可能会对父母的经常离开感到困惑。

父母可以用记号笔或蜡笔来和孩子共同制作一张旅行日程表，以帮助他应对分离。妈妈可以在爸爸出差的日子里画上他的头像，然后和孩子一起倒数爸爸回来的日子。例如：

第一天：爸爸坐上飞机。
第二天：爸爸去看奶奶。
第三天：爸爸参加一个商务会议。
第四天：爸爸坐着飞机回家。

随着孩子年龄的增长,他们的很多感情将无须再借助眼泪来表达。但是,在这之前,如果你不允许孩子哭的话,就等于丧失了一个了解他们内心世界的大好机会。孩子们将在以后的人生中继续用泪水来宣泄所遭遇的肉体上和精神上的痛苦,所以现在就应当让他们知道,哭泣是很健康、很正常的行为。孩子需要学会如何自信和坚强地挺过生活中的那些艰难时刻——那些时候,痛哭一场是再正常不过的了。

难过的时候

这个年龄的孩子会因为较大的压力或不愉快的环境而产生烦恼或焦虑。如果孩子刚刚经历了引起生活发生重大变化的事件,父母就要密切注意他们的情绪变化。例如,搬家、转学、父母离婚和宠物死亡都是导致孩子情绪低落的常见原因。

作为父母,我们有责任帮助孩子辨别这些悲伤的情感。我们应当:

- 允许孩子难过。每个人都需要宣泄悲伤的渠道,不要因为孩子情绪激动而生气。
- 允许孩子哭泣——哭泣是释放悲痛的方式,会有助于孩子的恢复。不要期待你的孩子在任何时候都表现得勇敢和坚强。
- 同情孩子。让他知道,你也会有难过的时候,所以你知道那是一种怎样的感觉。安慰孩子固然重要,但倾听更能帮助孩子缓解悲伤。在孩子难过的时候,同情会让父母和孩子更亲密。
- 鼓励孩子用语言或者图画来表达情感。父母一定要给孩子抒发他们内心情感的机会。

● 做好一些特殊的心理准备。你的孩子可能会出现行为上的退步，如尿床、吵闹、害怕分离或者吸吮拇指等。

关键是要让孩子明白，感到悲伤和表达悲伤都是正常的。还要让他们知道，你有办法可以帮助他们缓解这些痛苦，而且在任何时候你都愿意帮助他们或者倾听他们的诉说。

文明礼貌和社交礼仪

言谈举止得体的孩子在公共场所总是容易受到欢迎和赞许，这些积极评价会进一步让孩子感受到世界的友好和美妙。

> **让孩子学会善良与感恩**
>
> 让孩子继承传统美德的最好方法就是以身作则。如果你经常对孩子和身边的人说"请"和"谢谢"的话，你的孩子也会照着做。孩子们最喜欢模仿榜样，如果你能尊重孩子的话，他们也会学着尊重别人。
>
> 对老人伸出援助之手，在公共场合给需要的人让座位，或者为身后的人拉开门，这些都是你可以给孩子树立的道德榜样。要知道，你的所作所为孩子都在看着呢！

模仿父母的行为不仅会让孩子们掌握礼仪，还会让孩子们懂得很多其他的道理，例如：

应当尊重他人的隐私。别忘了在使用"隐私"这个词语之前先给孩子讲解它是什么意思。让孩子知道，如果他对别人的相貌、病症或者残疾感到好奇的话，应该在私下里问你。提醒他不要盯着别人看，因为那样会侵犯他人的隐私。

小孩子往往会天真地问一些令人尴尬的问题，足以让你哑口无言又不知所措。对此，家长们既不要反应过度，但也不要置之不理。有一次，我带着四岁的儿子去药房，结果他大声地问我："妈妈，为什么有些人那么胖呢？"一位身体超重的妇女就站在几英尺以外的地方。我当时差点没噎住，尴尬极了，急忙把他拉到一边，蹲下来小声对他说："宝贝，等我们上车了妈妈再告诉你好吗？"

上车之后，我继续之前的话题向他解释说："当众议论别人的长相是不礼貌的行为，那样会伤害到别人。"我还告诉他，如果以后他再有关于别人的问题，必须私下里问妈妈，不能当着别人的面。

教会孩子如何道歉，但不要强迫他们做出不真诚的道歉。孩子们通常认识不到自己做错了事情，所以当成年人逼着孩子说"我很抱歉"的时候，等于是让孩子言不由衷。只有当孩子自己选择这样说的时候，道歉才是真诚的和发自内心的。如果你的孩子在公开场合做了什么你认为应当道歉的事情，你可以代表孩子表达歉意。当我的孩子推搡别的孩子的时候，我会对被推的孩子说："对不起，亲爱的，你没事吧？我的儿子还没学会与他人分享，所以有时候他会推人。"然后我会马上向我的儿子指出他推搡别人的错误。他可能会马上明白自己的错误，也可能几天之后才感到后悔，但至少我让他学会了如何发自内心地感到愧疚和遗憾，而不是迫于我的压力去道歉。孩子需要家长的引导和教育才能养成良好的行为习惯，单纯靠强迫孩子做某些事情或者说某些话并不能加快他们的学习进程。

孩子爱抱怨

抱怨是四到七岁的孩子的普遍行为，也可能是最让成年人无法忍受的行为之一。引发孩子抱怨的原因有很多，例如累了、饿了、烦了或是孤独了，要不就是他们想多博得一些爱和关注。父母们要注意在孩子小的时候鼓励他们尽可能少抱怨，以免他们长大以后也动不动靠发牢骚来达到目的。

想要减少孩子抱怨的次数，关键是要找出规律。如果你在接近午餐或者午睡的时候带孩子出去办事，或者没有对他的某项要求做出及时的反应，或者给他穿了太多衣服导致他不舒服，都有可能引发孩子的抱怨。在刚睡醒但还没有完全清醒的时候，孩子们尤其爱发牢骚。父母们不要把孩子的抱怨太当真，要耐心地对待他们，并适当地给他们一些健康的零食和关怀。

我的大儿子就很爱抱怨。每次他在我身边发牢骚的时候，我都会告诉他："家里不允许抱怨，你唯一可以这样做的地方就是你的卧室。"只要我这样说，他就会回到自己的房间关上门，然后想说什么说什么。然而，有一次他却让我猝不及防。当时我正在他的房间里收拾玩具，结果他开始抱怨起来。我顿时感到忍无可忍，转过身对他说："不许抱怨，如果你一定要抱怨的话就到别的地方去。"他温和地提醒我，这里正是他的房间，也是他唯一被允许发牢骚的地方。我的自相矛盾被儿子抓住了！

避免抱怨的小技巧

首先判断孩子是不是饿了、渴了、累了、身体不舒服或者感到惶恐不安——也许是因为周围人太多了。找出原因来，然后马上满足孩子的需要。有时仅仅是满足身体上的需求就会立即让孩子停止抱怨。请记住，幼儿抱怨可能是因为他弄不清楚自己的感觉到底是什么，所以需要你的帮助。相比之下，学龄前儿童或者年龄更大些的孩子则可能是因为没能如愿以偿才发牢骚的。

无论抱怨的原因是什么，都可以参考以下建议：

1. 让孩子知道光是抱怨不能使你明白他的要求。
2. 让孩子用正常的语调说话。
3. 如果他继续抱怨，就告诉他："如果你好好说话，我就会认真地听你说，但如果你抱怨的话，我就弄不懂你到底想说什么。"或者"如果你非要抱怨的话，就请回你的房间里去说个够。"
4. 如果孩子恢复了正常的声调，就判断他的情绪然后了解他的要求。例如："这么说是你的朋友提前离开公园让你不高兴了？那你现在想做什么呢？"
5. 如果下次孩子又开始抱怨，就提醒他该如何正确地表达意见。如果孩子听从了你的建议而改用正常的声音说话，可以对孩子说"谢谢你不再抱怨"，但没必要更多地表扬他。

武器玩具和超级英雄游戏

四到七岁的孩子——尤其是男孩子——往往喜欢把自己想象成威力无穷的英雄。在孩子眼中，现实世界里大人们掌握着所有的权力。因此对许多孩子来说，舞枪弄棒是他们发泄旺盛的精力、战胜内心的恐惧、获得安全感并练习自我保卫的方式之一。没有什么比打退隐藏的怪兽或者海盗的袭击更能给孩子带来胜利的骄傲了。

这通常是孩子在四五岁时经历的一个必然阶段——除非有兄长已经带着他提前了解了《星球大战》（*Star Wars*）或者《夺宝奇兵》（*Indiana Jones*）的故事情节。假想的战争游戏可以让孩子发泄他们的愤怒或者其他不安的情绪。如果你的孩子还不到三岁，却特别痴迷于武器玩具的话，仔细观察一下是什么引发了这种爱好。大多数拥有足够自信的孩子不会没完没了地玩武器玩具。

家长们要避免让孩子从媒体或者同龄人那里受到暴力的不良影响。宣扬暴力的玩具、游戏或者电子游戏会导致孩子对暴力行为变得麻木。不要鼓励孩子去玩这类游戏，他们幼小的年纪无法理解武器、战争或者任何超级英雄的故事背后的内涵。

随着孩子年龄的增长，他们开始了解武器在人类历史上所扮演的角色，他们可能会开始质疑为什么人们要使用刀剑和枪支。最好鼓励幼小的孩子模仿一些现实生活中的英雄，例如消防队员或者重建倒塌建筑的木匠。等孩子大一些之后，他们就会有更加旺盛的好奇心，也会更适合和小伙伴们玩一些武器玩具的游戏。

超级英雄和武器玩具游戏并不全是坏事。这种类型的游戏可以帮助孩子区分善与恶、对与错、强者和弱者、好人与坏人。成为超级英雄的自豪和荣耀对那些不具备相关特质的孩子尤其有吸引力。超级英雄或者武器玩具游戏如果仅仅是作为一种想象力的发挥是没有害处的，并且作为适当地发泄情绪的途径也是可以的。

让孩子以健康的方式来扮演超级英雄

以下是正确引导五岁以上的孩子玩武器玩具或超级英雄游戏的方法：

- 明确规则，例如"有事说话解决，不能伤害你周围的人和事物"。
- 寻找机会和孩子讨论坏人错在了什么地方。
- 鼓励孩子们轮流扮演"好人"和"坏人"的角色。
- 事先规定如果哪个孩子想要停止游戏就可以退出。
- 在游戏中的危急时刻给孩子提供道具，例如消防器材、急救箱或者建筑工具等。
- 确保孩子不会接触到现实生活中的暴力行为。让孩子少看电视，少玩电子游戏，让他们多参与富有互动性和创造性的活动。
- 限制游戏的时间，一旦游戏中出现过激的行为就再也不要玩这个游戏。
- 预先说清楚，如果有人在游戏中受伤或者有危险的行为，游戏就必须终止。

父母要多给孩子机会承担责任，让他们感觉到被需要和被重视。一个有尊严和勇于表达观点的孩子绝不会故意伤害任何人。角色扮演的游戏会让孩子更加自信，并从中发现自己的特长、弱点和性格。

专横的孩子

没有家长会喜欢专横的孩子，但在四到七岁的某段时期，你的孩子可能会步入一个"专横的阶段"。不过，看似专横的孩子有可能只是未来的领导者在初试身手而已！有些时候，孩子们之所以看起来很强势，其实是因为他们觉得自己的意见没有得到重视和采纳，而有些时候则不过是在模仿哥哥姐姐们的操纵行为，转而去指挥自己的朋友。

不过，家长应当充分关注专横的行为，并及时进行干预。

如何监控专横的行为：

- 教导孩子要好好说话，并提醒他不友好的态度会伤害别人的感情。
- 正确地引导孩子，教会孩子用恰当的方式表达感情和愿望。鼓励孩子进行自我表达，并让孩子知道你随时会给予他帮助。
- 认识孩子的朋友们，熟知他们各自的性格，避免可能会导致性格冲突或者专横行为的状况。
- 让孩子知道在需要帮助的时候去找大人。
- 当孩子和朋友发生矛盾的时候给予他同情和引导。如果你的孩子表现专横，那么不妨先倾听一下他的想法，然后在私下里提醒他，他的强硬态度可能是导致一些朋友不想和他玩的原因。然后帮助他寻找办法去恢复和朋友们的关系，并在晚上睡觉前表扬孩子在和你谈话之后对待小伙伴的态度有了很大的进步。当孩子按照你的要求去做时，你可以表示已经看到了他的努力，并且告诉孩子，你相信他以后会成为一个伟大的领导者。

爱吵闹和尖叫的孩子

孩子们常常拥有旺盛的精力，但他们表达的方式有时会折磨到父母的耳朵。吵闹和尖叫显然是孩子发泄兴奋或者愤怒的手段，但很可能会侵犯他人的个人空间。

兴奋的尖叫

如果你的孩子喜欢尖叫的话,你要在周围有别人或者在室内的时候努力控制他的音量和声调。一方面你要充分理解他的高涨情绪,但另一方面也要做出适当的限制,例如:"我知道塔拉来了你很高兴,但你必须小点声,因为我们是在屋子里面。"你要让孩子知道,只有在室外才能大声喊叫。如果孩子在家里大喊大叫,你可以蹲下来向他解释在室内说话和在室外说话的不同。

即使你很能忍受噪声,也不要任由孩子大喊大叫。如果父母不把正确的行为规范教给子女的话,子女的后代也会随心所欲地在公共场合大声喧哗。我们做父母的有义务让孩子学会尊重别人,并养成良好的行为习惯和社交礼仪。

愤怒的尖叫

很多时候孩子尖叫是因为别无选择,所以只能采取这种原始的方式来表达意思。或者是因为他们的父母经常对他们大喊大叫,所以孩子只不过是在模仿。如果连我自己都不能控制音量,自然就不能指望三岁的儿子会好好说话。每当孩子在场的时候,我都会非常注意自己表达不满的方式,因为他们时刻都在模仿我。我的责任就是要帮助我的儿子(和我自己!)用适当的和有建设性的方式宣泄怒气。

每当我的儿子愤怒地大喊的时候,我都会马上走到他面前,询问究竟是怎么回事。我会聆听并表示理解:"你是不是因为卡车的门关不上而生气呢?那的确让人很恼火。"我不会直接替他解决问题,但会提供帮助:"要不要妈妈来帮你呢?给我看看。"有时候他并不需要我的帮助,但我的陪伴和理解似乎能够给他的愤怒降温。等他平静下来之后,我会问他:"生气的时候尖叫对不对?"我还会鼓励他尝试不同的自我表达方式:"在生气的时候,你可以说'我很生气',但不应该尖叫,因为那样会刺痛别人的耳朵。"我还会说:"你心情不好的时候,妈妈能听得出来,所以没有必要大喊大叫。妈妈就在这里,我会帮助你的。"

容易害羞的孩子

害羞的孩子遇到交际场合会感到紧张。这类孩子在家里或者私下里可能非常健谈,但一到外面的世界就会丧失安全感。

在家里的时候,我的大儿子是活泼喧闹的,而且口齿伶俐,有时候又笨得可爱——可是一旦到了公共场合,他几乎不敢和成年人对视,甚至害怕跟学校里的保安打招呼。从幼儿时期起,他就在公共场合中很害羞,如今他已经八岁了,这一点依然没有改变。

对此,许多父母很可能会说:"哦,我的孩子只是害羞罢了,长大就好了。"这其实是在否定孩子害羞的性格。研究表明,有些儿童确实存在交际焦虑(可表现为极度的害羞),而父母的不以为意只会使情况变得更糟。《害羞的孩子:帮助儿童战胜羞怯》(*The Shy Child: Helping Children Triumph over Shyness*)的作者沃德·K. 斯沃罗博士(Dr. Ward K. Swallow)指出:"虽然我们通常把害羞视为一种交际障碍,但其实害羞的孩子往往会成长为敏感和善解人意的成年人。因为他们拥有细腻的内心世界,他们会花时间去分析为什么某些人会做某些事情,而且具有奇妙的想象力。"

害羞通常是与生俱来的性格,孩子们对陌生面孔和环境的过度敏感有着遗传学上的根源。由于害羞的孩子需要更多的鼓励,你会发现,为这样的孩子策划社交活动或者带着他们走亲访友需要进行额外的准备。

想要让一个害羞的孩子变得活跃起来不是一件容易的事情。如果你施加太大的压力，只会让你的孩子更加抵制。

我的大儿子常常在我带他出去做客或者参加聚会的时候依偎在我的身边，所以我不得不在每次出门之前讲好一些基本原则。例如在赴会途中，我会对他说："我知道你没办法和小朋友们立刻玩到一起，所以你可以在妈妈身边待上一会儿，但是我希望你稍后能去找小伙伴们玩。"或者"你不可以一直坐在妈妈的腿上哦！"

让孩子感到更舒服的小贴士：

- 在体验新鲜事物之前帮孩子做好心理准备。
- 耐心倾听孩子的诉说。你可以说："我知道你也不想那么害羞。"或者"有时候我也会在刚开始的时候觉得不好意思。"
- 和孩子一起尝试角色扮演游戏，操练如何应对不同的场景，例如在学校里结识了一个新的孩子。
- 不要给你的孩子贴上"害羞"的标签。你可以换一种说话方式，例如可以这样说："你只不过需要一些时间来热身罢了。"或者"我知道你不喜欢别人盯着你看。"
- 给孩子示范社交生活其实是一种乐趣。
- 要有耐心。虽然帮助孩子适应新的环境需要额外花费一番气力去计划，却可以让孩子终生受益。
- 鼓励你的孩子在和成年人交谈时进行眼神交流。
- 给孩子找一所适合他的幼儿园。害羞的孩子在适宜的环境下一样可以茁壮成长。尽量选择小班型的课堂，并让老师了解孩子的害羞性格。

- 永远不要强迫孩子变得活泼或外向，也不要逼着他和人交流。

孩子说谎怎么办

当你第一次听到孩子说谎的时候，可能会感到非常震惊，但请不要担心，这并不是什么异常的现象。学龄前儿童说谎并不意味着他们有什么严重的毛病，有时候他们还不能很清楚地分辨现实与幻想，而男孩子们尤其喜欢编故事！说谎的孩子通常不敢直视你的眼睛，所以孩子是不是在说谎一眼就能看得出来。年龄较大的孩子说谎可能是因为他们害怕父母知道真相之后的反应，所以如果孩子对你说了谎，你应该首先反省是不是曾经在他说了真话之后态度过于严苛了。

学龄前儿童说谎或者编造故事其实是很常见的现象，因为他们依然沉浸在奇妙的幻想世界里，而且还不能清楚地分辨是与非。孩子们也有可能为了逃避惩罚而说谎，或者仅仅是在模仿成年人的行为。家长对孩子最有影响力，所以你一定要先管好自己的嘴。子女最先从家长那里获得价值观和道德观，因此孩子的第一堂诚信课就是在他每天生活的地方——家里上的。

家长应该这样做：

- 向孩子解释现实和幻想的区别。
- 明确界定真话和假话。
- 说明在家和在外都要诚实的重要性。

- 让孩子知道除了说谎之外还有别的解决方法，例如，向大人寻求帮助，开口借用玩具而不是不问自取。

如果你发现孩子偷了东西却不承认，你可以说："有时候小孩子太想要一样东西了，以至于不经过别人同意就拿走了，因为他们以为即使说了也得不到。你有没有过这种感觉呢？让我们来谈谈这个问题……"

如果孩子在说谎之后把真相告诉了你，你要给予表扬。同时，你也要让他明白任何时候都不可以说谎，毫不犹豫地说实话比说谎或者拖延都要好。

如果你的孩子已经六七岁了，却养成了故意说谎的习惯，请向儿童心理专家寻求帮助。

尿床的毛病

大约有 13% 的六岁孩子和 5% 的十岁孩子依旧在尿床。如果你的孩子每天晚上还在"画地图"的话，请不要因此而气馁，因为只要有足够的耐心和无条件的爱心，就可以战胜这个挑战。六岁以下的孩子尿床算不上是异常行为，所以没有必要担心。不过，如果你的孩子到了七八岁仍然在尿床的话，就应该咨询你的儿科医生了。

夜间膀胱的控制能力是和身体的发育程度息息相关的，所以家长们可以放心，在经过帮助和指导之后，你的孩子逐渐就会停止尿床，最终得以安享干爽的睡眠。不要指望孩子在一夜之间就会完成这个跨越，因为发育的过程是他们自己无法控制的。如果想要平稳过渡，家长就应当了解每个发育阶段的孩子能做什么、不能做什么。

我强烈建议你不要用强迫孩子睡在潮湿的被褥上或者自己更换被褥的方式来"给他一点教训"。一位母亲告诉我，每次她的儿子尿床，她就让他把尿湿的床单带到学校去给同班同学看。我能够理解这位妈妈的无奈，但我也向她解释了这种惩罚对她的儿子可能造成的伤害。绝对不能因为孩子尿床而羞辱或者惩罚他们，无论他已经多大了。并非所有的儿童都能在同一年龄段学会控制自己的膀胱，如果你有一个仍然在尿床的孩子，请给予他充分的温柔和理解。

为什么孩子会尿床：

- 他们的膀胱还没有完全发育成熟，肌肉力量的不足会导致他们尿床。
- 孩子睡得太熟了，还没来得及醒来就排空了膀胱。
- 他们因为受到弟弟妹妹的出生、父母的离婚、转学、更换老师、死亡、家庭危机或者疾病（如糖尿病）等原因所导致的精神压力而尿床。
- 他们遭受了严厉的惩罚、虐待、恐吓、间断性的照顾，或者他们的父母经常对他们喊叫或相互争吵，突发的情绪波动可能会导致巨大的心理压力。
- 有些孩子的肾脏产生的尿液超出了一个正常大小的膀胱可以容纳的范围。
- 孩子在四岁到八岁之间才开始分泌一种激素，让肾脏在夜间降低排尿的速度。

如何改善尿床的毛病：

- 永远不要因为尿床的事情而惩罚、贿赂、奖励孩子或是制作任何光荣榜。
- 理解孩子的困难。孩子很少故意尿床，所以你应该花时间倾听他们的难处和忧虑。
- 向孩子保证你一定会帮助和支持他。不要对尿床的事情小题大做，那样只会让孩子更加尴尬和羞愧。
- 不要公开谈论这个问题。没有必要让朋友、老师和邻居都知道。
- 限制睡前摄入的液体。
- 半夜唤醒孩子一次，或者在你上床睡觉之前让孩子再上一次厕所。有些孩子睡眠很深，不会自动醒来——叫醒他们有助于逐渐养成习惯。

如果你的孩子突然开始尿床，应该带他去看医生，有可能是尿路感染或者潜在的心理问题。总而言之，家长只需要有足够的耐心和一些必要的知识就可以帮助你和孩子理解并解决尿床的问题。

收拾玩具和物品

收拾东西不是一种本能的活动或者与生俱来的技能——虽然我可能有点罕见的洁癖基因。孩子不需要人教就会把玩具散落到各处，或者把油漆甩得到处都是，但想让他们收拾可就要花上一番气力了。收拾东西对于一个天性活泼的孩子来说近似于一种惩罚或者一项没完没了的无聊劳动。

　　父母可以采用一些办法来让孩子认识整洁的重要性。首先我们要为孩子树立一个整洁的榜样——这意味着你的行为必须符合你对孩子的要求。实践是幼儿学习的最佳方式，远胜于父母一味地发号施令。我没有什么神奇的办法可以教给家长们，但我确实积攒了一些小窍门：

- 孩子都喜欢成为团队的一分子，而且乐于助人，所以你可以请孩子当你的小帮手。当他弄洒了东西或者搞得一片狼藉的时候，你可以说："好像有东西洒了，我们最好打扫一下，你愿意帮忙吗？就像妈妈平时帮助你一样，好不好呢？"

- 给所有物品都固定一个存放的位置：例如储物箱、储物架或者是柜子。你的孩子很快就会记住什么东西应该放在什么地方。不妨借用手偶或者通过做游戏的方式来进行打扫，还可以边唱歌边打扫，也可以自编一些有趣的儿歌。

- 等到四五岁左右，孩子就基本上知道应该收拾东西了。如果你的孩子碰巧"不那么听话"，你可以提醒他不整理的后果。你可以说："我知道收拾东西有时候很麻烦，但是我们一会儿要去公园，所以必须把这些玩具收起来，你需要帮妈妈一起做。"如果他问："为什么我的房间必须保持干净呢？"你不妨和他探讨一下，反问孩子："你觉得是为什么呢？"你会发现他其实非常清楚原因。

孩子并不是不愿意独立打扫房间或者完成妈妈交代的任务，他们只是还太小，因此做不到长时间地专注于一件事情。打扫房间对于这么小的孩子来说几乎是一项巨大的工程——特别是要他一个人完成时。你可以提供一些帮助和理解，告诉他："我知道要收拾这么多东西很难，如果你愿意的话，我可以帮你。"或者说："你觉得下次你还会一下子拿那么多玩具出来吗？"

如果你把打扫房间当作一项日常习惯，就像刷牙洗脸一样，那么你的孩子慢慢也会自动这样做。如果你自己是喜欢干净和整洁的人，那么你的孩子也会养成爱干净的习惯。

挑食的孩子

所有的家长都希望自己的孩子能养成健康的饮食习惯。如果你让孩子吃什么他们就吃什么，该有多好啊！其实，只要你能精心地挑选食物，并用健康的方式烹制，孩子是不会拒绝的。不过，四到七岁的孩子之所以不认真吃饭，其实和食物本身没有太大的关系，只是因为他们有比吃饭更想做的事情。无奈的是，这个年龄段的孩子就是爱玩胜过爱吃饭。

孩子不吃饭就表示他们并不饿。既然孩子不饿，就不要强迫他们吃。小孩子饿的时候抓起什么都会吃，所以只需为他们准备好健康的食品就行。没有必要为孩子吃饭的事情而伤脑筋，因为大多数时候他们摄入的食物数量和种类都足以满足其营养上的需要。

孩子们活跃而又忙碌的生活节奏意味着他很难有耐心吃完整整一顿饭，更不用指望他会和全家一起坐着吃完饭。幼儿有着用不完的能量,却只有很有限的专注能力,所以不要指望他们能在饭厅里或者是饭店里稳稳当当地坐着用餐。四五岁的孩子最适合开始学习坐下来与人一边交流一边吃饭,父母应该让孩子逐渐认识到,食物是美味的,进餐的时间也可以是有趣和有意义的。

父母不需要强迫孩子吃饭,不要让吃饭的事情引发你和孩子之间的战争,也不要为了让孩子吃饭而恳求、贿赂或者威胁他们。父母只需要适时提醒孩子吃饭的时间到了,并准备一些他们爱吃的东西,以免孩子因为挑食而拒绝吃饭。

这里还有一些小窍门:

- 做孩子吃饭的好榜样。研究表明,挑食的父母往往会养育出有相似习惯的孩子,孩子们会模仿父母吃饭的好恶。例如我不喜欢某些酱料,并毫无意外地发现我的孩子们也不爱吃!但我会尽量吃各种有益的食品。(如果你有一个私房甜点桶的话,一定要藏得足够高,以免被孩子发现。)你可以对孩子们说,你小时候也不喜欢某些食物,但后来慢慢就接受了。父母不应该在孩子面前谈论节食,而应该多说说锻炼身体和吃健康食品的话题,更不要在不饿的时候胡吃海塞。

- 让食物看起来既有趣又好看。你可以使用模型把三明治切成不同的形状,让它们看起来像动物或者汽车。每次我做煎饼的时候,都会把它们做得像泰迪熊的头。我还会用牙签把葡萄、苹果、葡萄干或者任何可以串在一起的东西做成食物串。

- 在超市里,可以让孩子们帮忙把食物放进购物车里,或是一起挑选水果和蔬菜。还可以让孩子来帮忙准备晚餐或是点心。我的孩子喜欢切东西，所以我就给他们准备了一把塑料刀，让他们去切西瓜——既安全又容易。

- 尝试"一口原则"或"好吃不好吃"的策略。许多孩子都害怕尝试新事物，所以不妨让他们先尝一口，而不是要求他们必须吃完。如果他们连尝都不愿意尝，而且你预感到他们可能马上就要耍脾气的话，可以再试一试"好吃不好吃"的策略。让孩子咬一口，然后告诉你好吃还是不好吃，绝对不要强迫孩子吃。有一次我的丈夫坚持要让儿子吃掉花椰菜，结果导致孩子呕吐。要知道，有些食物不但吸引不了孩子们，就连大人也无法忍受！

- 限制甜食。如果你习惯在饭后提供甜点的话，尽量考虑把酸奶、麦片、水果或者苹果酱这类食品当作甜点。永远不要随便提供甜食，你应该把饼干和糖果作为特殊奖励，而不是日常饮食的一部分。

- 让孩子向你"汇报"他的朋友们都在吃什么。你的孩子是否常常觉得别人家的饭菜好吃呢？至少我的儿子们是这样的。不妨让孩子来告诉你，他的朋友们都在吃什么，然后问他想不想让你也做给他吃。

- 自制超级果奶。如果你的孩子吃得很少，而且你确定他无法摄入足够的营养的话，可以试着自己动手做一杯富含维生素和矿物质的水果奶昔。向医生咨询哪些营养素符合你孩子的需求，然后给他调制出美味的果奶来！

如果孩子的体重正在下降，而且完全拒绝任何食物或者液体的话，请咨询他的儿科医生。

"我要我要"类型的孩子

"妈妈,我们可不可以买这个?我要这个!我没有这个!好不好啊,妈妈?"这听起来是不是很熟悉?对你的孩子说"不"从来就不容易,但其实你可以做到既不纵容孩子的无理要求,又不会被孩子视为刻薄或者小气。

作为父母,你有权利说"不",但你必须给孩子一个拒绝的理由——这是孩子的权利,就像对待任何与你意见相左的成年人一样,通常,面对成年人,你会出于尊重给予必要的解释。光是拒绝而又不做任何解释的教育方法已经过时了,因为这会让孩子觉得不被理解,不过前提是你自己的言行必须一致。(如果连你自己都经常冲动购物的话,就不能指望孩子会相信所谓克制的好处!)如果你的四到七岁之间的孩子在收银台要求买一块口香糖,可以对他说没有带够钱买零食,但你下一次会考虑给他买。只要你诚实和认真地回答,你的孩子是会理解的,至少迟早会的。

如果孩子一再要求的话,你可以表示理解:"我知道你喜欢口香糖,妈妈也喜欢,但我们现在更需要牛奶和面包,所以你能不能帮妈妈把口香糖放回去?"

在我们家,我的丈夫最爱给孩子们花钱。如果是我的丈夫带着他们在超市排队结账的话,他就会满足孩子们买口香糖的要求,但我就从来不在超市给孩子们买糖果,他们当然也会要求,但我总是做出相同的解释:"我们来这里是为了买健康的食品,糖果是在特殊场合下才吃的东西。"而且我会用一种不容商量的口吻来说,这种方法几乎每次都能奏效。

如果你说"不行"，就要一直坚持下去——即使你的孩子因此而吵闹或者大发脾气。每当我的儿子因为想要买新的玩具而"叽叽歪歪"的时候，我最擅用的战术就是对他们说："哎呀，这个玩具真酷啊！我看你们真的很喜欢，让我们把它添加到你们的生日礼物或者圣诞节礼物的清单上吧！"这一招百试百灵！没有哪个父母想成为孩子眼中的坏人，所以一定要确保你和孩子的关系是开放的、灵活的，你也可以根据不同的情况做出变通。如果我们刚刚享用了一顿健康的午餐，我就会满足孩子们吃甜点的要求。有时候，我的儿子把我称作"爱说'不'的怪物"——这让我好好反思了一下我每天会跟他说多少次"不"。家长应该确保有足够的时间和孩子们一起玩，以免他们因为父母的不陪伴产生不满情绪。要有家庭娱乐的时间，并且经常让孩子看到你轻松诙谐的面孔。和孩子一起开心地玩，但也要坚持原则，这样他们才会觉得你们之间的关系是建立在信任的基础上的，而不是一味的拒绝。

未来的弟弟或妹妹

你应该怎样告诉孩子，他就快有一个弟弟或者妹妹了？这要取决于孩子的年龄。如果你这样对一个两岁的孩子讲，他只会看看你，然后走开。但如果你的孩子是在四岁到七岁之间或者更大的话，他很可能会问你肚子里的宝宝是从哪里来的，以及将怎样从里面出来。

当我怀上第二个儿子的时候，我的大儿子已经四岁了——所以我得以用比较真实的方式告知他这个消息。我第二次怀孕的经历比较曲折，所以我的大儿子偶尔会问我："我什么时候才会有弟弟或者妹妹呢？"

我每次都很惊讶地看着他，因为我自己也很想知道答案。我当时能想到的最"妈妈式"的回答是:"我们要从天空中挑选一颗合适的星星降临我们家。"从那以后,每天晚上我的儿子都会跑到外面跟爸爸一起假装摘一颗星星,然后跑回屋里来,把它放在我的肚子上。

一天早上,当我终于迎来了妊娠的第九周时,我的儿子对我说:"妈妈!一定是有一个宝宝在你的肚子里,因为它真的变大了。"我笑了,但在风险最大的前十二个星期结束之前,我还不想告诉他。于是我说:"妈妈也希望是这样!你替妈妈摘了那么多颗星星,一定有一颗已经变成宝宝了!让我们再等待两个星期,看看你的小星星有没有长大。"

两个星期后,我们向他传达了这个好消息。"我就知道!"他说,"我早就知道有一个宝宝在那里。"嗯,他居然知道!我们不得不在第一时间就告知他,因为他实在是太期待有一个弟弟或者妹妹了。在接下来的六个月里,他一直热情地鼓励着我和他爸爸。

临近婴儿出生的时候,儿子问我宝宝会怎么出来。我告诉他有两种方法:一种方法是从我的肚皮里钻出来,另外在靠近妈妈嘘嘘的地方还有一条通道。儿子很担心这两种方法都会让妈妈受到伤害,所以他建议我把宝宝像臭臭一样拉出来。

选择最让你感到舒服的方式

每个家庭都有各自的道德观和价值观,有的家长倾向于用讲述科学事实的方式来教育孩子,也有家长会像我们这样采用异想天开的说法。总之,并不存在"唯一正确"的方式来传达这一类的信息。无论如何,你都应该让孩子做好心理准备,让他知道将有一个弟弟或妹妹来和他分享爸爸妈妈的爱。

你也可以让孩子成为你的小帮手,告诉他你会比以前睡得更多,而且要经常给宝宝哺乳,这会帮助孩子做好准备。我们曾问过大儿子:"你觉得小弟弟在出生以后的头几个月里会做什么呢?"他回答说:"他会哭啊哭啊哭!"他可是说对了!

小儿子出生的那一天,我们送给五岁的大儿子一件礼物,告诉他这是由他摘的小星星变成的小弟弟送来的。他在我的恢复室里玩了三个小时的玩具卡车。那是我人生中最快乐的一天!

让孩子玩食物(仅限以下几种)

你可以让孩子用布丁画画,玩够了再吃掉。把一张油纸垫在下面,然后放上一大块巧克力布丁,就可以让孩子尽情地玩了——他还可以用棉花糖当画笔。试问,哪个孩子会不喜欢吃下他自己的杰作呢?

给孩子找几个"睡友"以赶走噩梦

如果你的孩子害怕黑暗的话,不妨在床尾放几个他心爱的毛绒玩具,称它们为"睡友",并告诉他这些伙伴会在夜里保护他——还可以在卧室门口也放一个。

尝试用"好梦盒子"来确保良好的睡眠

你可以用"好梦盒子"和"坏梦盒子"来减少孩子对噩梦的恐惧。这两个盒子其实就是你的两只手:先把双手捧起来做一个

"好梦盒子",让孩子打开它,然后把好梦都取出来洒在床的四周。接着再把双手捧起来做一个"坏梦盒子",让孩子把噩梦都放进去,然后再把盒子丢掉。最后,告诉孩子他将享有一个只有甜蜜美梦的睡眠。

玩一玩"牙仙"的游戏

你会放多少钱在孩子的枕头下面呢?一角钱,二角五分,还是十元钱?钱的数额不是关键,孩子们真正期待的是"牙齿仙女"的神秘和魔法,因为据说"牙仙姐姐"会带着孩子游览大孩子的世界。一个硬币就已经足够让孩子们感受神奇了。传说"仙女"会给每个孩子留下一点零用钱,这一点最让孩子们兴奋。你有没有当过孩子的"牙仙姐姐"呢?我有过。"仙女"给我的儿子留下了两枚硬币和几颗闪亮的水晶珠子。我认为,没有必要大张旗鼓地留下纸币。孩子的快乐来自丰富的想象力,而不是金钱,几枚闪亮的硬币足以让他们眼前一亮了。

第六章　无条件的爱：
育儿是世间唯一无法辞掉的工作

我们唯有甘心忍耐，才有可能从刻意逃避转为欣然面对。

——内奥米·阿杜尔特（Naomi Aldort）[1]

一天，我走过超市的停车场，看到一个身穿黄色连衣裙的美丽小女孩正坐在她妈妈的汽车旁边大声哭泣，她的妈妈则在满是油污的地上蹲下来，温柔地安慰着她。看到这一幕，我不由得微笑起来，因为这才是真正的母爱——无论何时何地，只要孩子需要你，就蹲下来抚慰他。

十五分钟后，我一手拿着儿童内衣，一手拎着猫粮走出商店，那辆汽车依然停在那里，我猜想母女二人多半是已经上了车。当我从旁边经过的时候，若无其事地朝车里扫了一眼，让我吃惊的是，小女孩的妈妈正把女儿抱在她的腿上一起坐在后座上。

这位母亲在尽一切努力安慰她的女儿，养育子女就应该是这样的，

---

[1] 内奥米·阿杜尔特（Naomi Aldort），著名育儿及家庭关系顾问、作家兼演说家，在美国、加拿大、英国、澳大利亚等世界各地的多种育儿杂志设有专栏。其作品已翻译成德文、希伯来文、荷兰文、日文、西班牙文等多国语言，在不同国家出版。

生命中没有什么比抱着正在伤心的孩子坐在车里更重要的事了。

曾经有好几次，我都想要放弃对孩子的教育了——他们有时候真快把我逼疯了，我听到自己在对他们喊叫和威胁。你可能会说，那怎么可能呢？你可是育儿专家啊！但即使是教育专家也会面临为人父母的挑战。每个人在成为父母之前都有自己的一套育儿理念和目标，以及所谓的成长经历。我必须承认，我的成长经历恰恰是引领我步入教育领域的原因。多年以来，我一直难以面对一个事实，那就是我的父母显然是在并不想要子女的时候生下了我和我的兄弟姐妹们，这让我们觉得自己给父母增添了麻烦。我多希望是幸福的童年激发我撰写了现在这本书，但事实不是那样。马歇尔·B.卢森堡（Marshall B.Rosenberg）[1]曾用下面这段话概括了为人父母的感受：

> 每当我们无法做到完美的时候，都想要责怪自己、攻击自己，但那样做并不会让我们的孩子从中受益。因此，我建议家长们把努力的目标从接近完美改为远离愚蠢——多检讨一下为什么没能给予孩子足够的理解，为什么做不到诚实地表达本意——这才是进步的途径。

多年来，我努力想要从父母对我的不适当的教育方法中恢复过来。没有哪个父母是有意要伤害子女的。老实说，我相信我的父母已经尽了全力，他们只是不知道仅仅给子女提供最基本的抚养还远远不够，所以也从来没有想过怎样才可以更好地教育子女。他们当然是不完美

---

[1] 马歇尔·B.卢森堡（Marshall B.Rosenberg），美国心理学家和作家。

的，我也不可能是完美的。我会把童年中快乐的那部分记忆当作经验，也会把痛苦的那部分记忆看作上天给予的恩赐——让我可以和更多的爸爸妈妈们分享。我从未想过要成为什么伟人，只是对我来说，想要真正从错乱的童年阴影中振作起来，的确需要树立一个远大而又崇高的目标。

随着两个儿子一天天长大，我发誓要打破陈腐教育方式的禁锢。对待孩子我既不会打也不会骂，更不会去忽略他们。我曾经深信上帝不会赐给我太难管教的孩子，因为我理应得到第二次机会，在一种温馨的家庭环境中生活。但我很快就认识到这种想法的幼稚，因为我至今仍然不时会坠入错误教育方式的旋涡中去。

但我至少一直在努力想要成为一个称职的妈妈。如果一个人连最想做的事情都不去努力的话，是永远也不可能成功的。同样的，任何父母不经历一番磨难，都不可能成为合格的好家长，因为养育儿女是世间最困难的工作。我很敬佩在停车场遇到的那位母亲，她真是一个了不起的妈妈，我深信，她的孩子一定也是这样认为的。那么，你在孩子心目中的形象又是怎样的呢？

认识你自己的弱点

如果小时候的你不得不非常努力才能博得父母的爱和认可的话，你可能会认为你的孩子也应该效仿。当你的火气被孩子点燃的时候，那种感觉可能会让你回想起小时候的你曾经是多么的无助，或者童年的你曾因为惧怕父母而不敢调皮，于是你认定你的孩子也应该同样听你的话。

当我们的配偶、伴侣或者孩子惹我们生气的时候，我们很容易爆发情绪或者做出冲动的反应，甚至失去理智成为独裁专制的父母。我太清楚这种情况了，因为我自己就曾这样做过！没有家长愿意在孩子面前表现得像个疯狂的小丑，可我们一旦被激怒，情绪很容易就失控。当我们被怒火吞没的时候，我们自认为反击是理所应当的，于是把怒气都发泄在孩子身上——这样做绝不会带来任何好处。

父母千万不要轻易发怒，要知道，无论什么理由都不是情绪失控的借口，更不至于让你拿孩子出气。而且，对孩子实话实说远比对他大吼大叫更加奏效。记得有一天晚上，我正在做晚餐，孩子们很不乖，而我当时觉得又热又累，快要无法忍受了，一怒之下，我把一只盘子扔进了水槽里，并开始冲着孩子们喊叫。突然间，我感到羞愧极了，并敏锐地意识到自己做错了事情。我知道已经吓着孩子们了，尽管不是故意的——我只是太愤怒了。我立刻道了歉，并请求他们能多给妈妈一些帮助。

在富有同情心的家庭环境中长大的孩子通常也很善于理解父母的感受。我不指望孩子会原谅我，但我还是必须道歉，因为我要让他们知道，没有人是完美的，包括妈妈在内。我请求孩子们的帮助，希望他们表现得更乖一些，因为当爸爸不在家的时候，妈妈一个人照顾他们很辛苦。我的大儿子当时说的一句话让我倍感温馨："当妈妈本来就不容易，你并不需要时时刻刻都开心，这很正常。"

与其暴跳如雷，还不如这样做：

- 走到一边深吸一口气，提醒自己一切很快就会过去，然后回到孩子身边，重新再来。
- 回想当初你的父母是怎样处理类似状况的，他们做得恰当还是不恰当？

- 反省自己生气的原因——是孩子真的做了什么错事，还是仅仅因为他们太小还不懂事？
- 孩子是不是正在做你小时候绝对被禁止做的事情，所以才导致你生气？
- 扪心自问，自己是不是真的到了需要他人帮助的边缘，如果是的话，就立刻拿起电话打给你的朋友吧！
- 如果你一时忍不住发了火，也不要逃避或者假装什么事情都没发生过——否则孩子也会像你一样拒绝承认错误。你应该向孩子道歉，让他们看到你在努力。

正视你的过去

认真回忆过去可以帮你成为更好的家长。回忆童年的幸福时光当然容易，可痛苦的往事呢？你还记得曾经经历过的错误的引导、孤独恐惧的时刻，还有让你困惑的成人行为吗？如果你选择遗忘那些让你激动的往事或者拒绝面对痛苦的回忆，作为家长你将处于劣势地位，因为成长过程中的遗留问题会影响到我们成年之后的观念和行为。

让我们先从摆脱童年造成的负面影响开始。有没有人曾说你不够努力，或者需要振作，或者在没被问到的时候不许开口呢？当你和托尼亚姑姑还不熟悉的时候，是否迫于父母的压力而去拥抱她呢？是不是因为爸爸希望你成为了不起的运动健将，你才去参加排球队呢？是不是因为你是家里最小的孩子，所以总是最后一个洗澡，而那时候水早就已经凉了？你可能在无意之中把很多错误的教育方法转移到了自己的子女身上。

一位母亲告诉我,她从来不给女儿买玩具,因为她小的时候也没有玩具。我问她的女儿多大了,她说两岁。我忍不住告诉她:"这是玩模拟游戏的最佳年纪!"然后我给她解释了这个年龄的孩子如何喜欢玩模拟农场和牲畜,以及迷你的锅碗瓢盆等玩具。我建议她购买一些适合女儿发育水平的玩具。

她于是买了一套有小马和谷仓的玩具给她女儿玩,后来还特地打电话来表示感谢。她说女儿拿到新玩具以后足足玩了几个小时。在接下来的几天里,她还仔细观察了女儿玩这些玩具时的样子,这让她不由得联想起很多自己小时候的事情。她还说自己感到非常难过,因为小的时候从未有机会像女儿这么快乐地玩玩具。她说,虽然家里并不缺钱,但她的父母就是从来都不给她买玩具。当我们谈及她童年的其他缺憾时,我也很为她感到难过。

了解并尊重孩子的个性

我在儿子身上看到了不少我自己的性格特征,而正是因为拥有这些相同的性格,才经常导致我情绪激动。我是个固执又自信的人,所以当我的儿子同样倔强地违抗我的命令的时候,我的血压会直线上升。

常言道:"有其母必有其子。"这果然是真理。当我向丈夫寻求帮助并跟他抱怨说我们的儿子太过固执时,他经常逗我说:"真不知道他这点像谁呢?"的确,我自己就倔得像头牛,一旦我认准了什么事情,就是十匹马也拉不回来。儿子显然继承了我的这一特点,所以当倔强遭遇倔强时,真的让我感到一筹莫展。

第六章　无条件的爱：育儿是世间唯一无法辞掉的工作

允许孩子做自己

我已经学会了如何尊重儿子的个性，同时控制自己的脾气。当我在孩子身上发现自己的影子时，我会选择和别人交流自己的感受。当我还是个小孩子的时候，我的父母会因为我的性格跟他们相似而惩罚我。他们既不明白应该同情并且接受父母遗传给孩子的性格，也不知道应该怎样做。等孩子到了可以讨论这些感觉的年纪之后，和孩子分享你的童年往事会有助于调节家庭气氛，让你和孩子之间的关系恢复到充满爱和温馨的状态。例如当孩子不肯吃饭的时候，我会跟他们讲我小的时候也不爱吃我妈妈做的某些菜肴，而我的爸爸妈妈总是逼着我吃，这让我非常不高兴。然后我会问他们，是否愿意多少吃一些，这样就不至于饿着肚子去睡觉。这种诚实和体谅的对话总是让我和孩子们更加亲近。

毫无疑问，孩子也有专属于自己的个性，这是你不具备的，但这并不是什么糟糕的事情！例如，我的大儿子就非常善于道歉，对此我颇为钦佩。和他正好相反，我是个容易紧张的人，常常没有勇气向其他成年人说"对不起"。所以，我很惊讶孩子能轻而易举地做好我做不了的事情。

有时候，我也希望大儿子能更善于交际一些，就像我和我丈夫一样。如果要给一个人的社交能力打分的话——假设满分是十分——那么我就是满分带加号，而我的大儿子只能得到两分。但我努力不把自己的愿望强加于儿子。虽然我非常乐于看到他和小朋友打成一片，或者他能更加自信一些，但既然孩子的性格不是这样的，我就应该尊重他，原因很简单：父母是父母，孩子是孩子。想把孩子塑造得跟自己一样，并不会让他们成为更优秀的人。

你将会发现，孩子在某些发育阶段会让你格外享受做父母的过程。时常怀念那样的日子无可厚非，但也应该兴致勃勃地期待将要到来的阶段，尤其是当孩子目前的表现让你有些头疼的时候。我就特别喜欢婴儿阶段的孩子，因为在这段时期里，我可以尽情地给予他们爱和关怀而无须担心被拒绝。一旦孩子们长大，他们就有可能与你疏远了。但我的一个好友就完全无法忍受婴儿阶段，她说婴儿太缠人了，还总是哭。她喜欢进入幼儿园阶段的女儿，因为她们之间可以交谈了。

父母应该鼓励孩子发展自己的个性。我很高兴看到我的孩子们喜欢在寒冷的山上露营，而我宁愿身上沾满蜂蜜再被蚂蚁围攻也不愿意去！虽然我个人喜欢整洁，但我还是在后院里保留了一个泥坑，让我的孩子们可以体验把自己弄脏的感觉——我自己倒是从来没有尝试过。

父母还应该给孩子自由选择的机会。如果我的儿子在室外玩，却不觉得冷，我就不会坚持让他穿上夹克——我怎么会清楚他身体内部的温度是怎样的呢？我自己有血液循环不良的毛病，所以需要多加一件毛衣，但我凭什么认为他和我有相同的体质呢？如果我因为感到寒冷而穿上长袖睡衣的话，我不会要求我的儿子也穿上他的，我会让他自己选择怎么穿最舒服。这种灵活性能让孩子明白每个人都是不同的。

如果我们能尊重孩子的话，他们会同样尊重我们。有一次在全家一起看电影时，我儿子对他爸爸说了句话令我很感动："妈妈不喜欢剧情片和动作片，她只看喜剧片，所以选个喜剧片吧！"——他并没有坚持要看自己喜欢的电影，而是乐于接受妈妈的娱乐品位和自己不同。

如果孩子能够学会相信自己，就等于是学会了该如何坚强和勇敢地面对失望。如果没有人可以责怪，他们就会懂得自己承担责任。如果孩子善于表达自我，而且知道父母能够接受他的个性，他就会带着信心和激情去面对生活。无条件地接受你的孩子，是你能给他们的最好的礼物。获得尊重和情感引导的孩子是能够分辨是非的，甚至会令你难以置信地足智多谋。

不要让成年人的烦恼侵蚀孩子的世界

孩子处理感情的方式不同于成年人。在大多数情况下，成年人都能够做到顺畅地表达思想，而且能够保持主动和理智，但孩子未必能够做到这些。无论孩子选择怎样的方式来表达自己，我们都要做个好听众。他们在成年以前是不具备和我们同等的沟通和理解能力的，所以无法明白很多事情发生的原因。父母在任何时候都不要期待孩子会理解大人的烦恼或者难处。例如，我不会向儿子谈及我在童年遭遇的可怕或有害的经历，也不会在孩子们能听到的时候讨论我刚刚看过的限制级电影里的任何情节。因为他们太小了，所以很多成人世界的东西他们根本无法理解。把大人的事情告诉孩子或者要求他们早熟都是把孩子成人化了——像对待朋友或其他成人那样对待子女。孩子们无须知道大人的麻烦，尤其是会带来痛苦的事情。因为儿童天生具有同情心，他们会本能地想要分担你的压力，而且会试图帮助治愈你过往的伤痛，但这不是孩子分内的事情。

和孩子分享你的过去没有问题，只要不会导致孩子反过来安慰你就行了。显然，在某些情况下你不得不和孩子讨论一些成年人的问题，例如某个至亲过世了，你失业了、离婚了或者患上重病的时候。但除此之外，尽量不要让成人的对话、烦恼和忧虑打扰孩子的世界。

对你的配偶或伴侣进行情感引导

父母双方如果能用情感引导的方式对待彼此，会更有可能培养出快乐的孩子来。如果父母之间能够做到心意相通，尽量避免激烈的争吵，并能达成适当的共识的话，就等于是为孩子树立了良性沟通的楷模。如果你能经常体谅你的配偶，孩子会因此而懂得去照顾所爱的人。当父母之间出现意见分歧的时候，以一种相互尊重的方式心平气和地解决，可以帮助孩子明白，即使是相爱的人也会有不同的意见，但这并不妨碍他们对彼此的感情。同时，你还让孩子看到了，你不是只会对他们说"不"的！

加深你们夫妻之间的感情对整个家庭都有好处，它不仅会使你的婚姻更加稳固，也可以提高孩子的情商。环顾身边的人，你会发现情商高的孩子更有能力抵御暴力、欺凌、吸毒、早孕、自杀和犯罪行为。

离婚和单亲家庭

在完美的世界里，婚姻会以友好的方式结束，所有的家庭成员都不必受到伤害。然而在现实生活中，离婚对于父母和子女都可能是巨大的痛苦。无论你是已经结婚，还是处于分居或者离婚的状态，倘若你和伴侣之间经常相互指责，你的孩子就更容易有暴力倾向和人际关系的问题。那些目睹着父母在交恶的状态下离婚而长大的孩子体内的压力荷尔蒙水平更高，所以容易冲动，还可能引发其他健康问题。正在办理离婚手续的父母之间经常火药味十足，或者一方试图逃避另一方，这些都容易导致孩子出现严重的心理问题。

五岁的莉莲父母离异，一年之后爸爸再婚。因为父亲和继母不允许莉莲的妈妈来参观莉莲的新房间，导致莉莲陷入尴尬的境地。于是莉莲每次见到妈妈的时候，都不由自主地担当起安慰妈妈的角色。她为妈妈感到难过，因为爸爸拒绝向她解释为什么妈妈不可以进入他和新妈妈的家。倘若父母双方能够用情感引导的方式来告诉莉莲，同时与生活在两个彼此独立家庭里的父母相处确实是一件很困难的事情，就能极大地缓解莉莲的焦虑情绪。

父母离异的孩子通常以为，一定是因为有一方做错了事情，才会导致要分开。因此如果他们觉得其中一方无法独立生活，就可能会选择跟随弱势的一方；另一种可能则是选择跟随由于受了委屈而充满愤怒的一方，同时憎恨另一方。如果你正在经历分居或者离婚，千万不要让你们的问题危及孩子的长期感情发育。

正处在离婚过程中的父母往往心事重重，承受着巨大的压力，以至于无法给予孩子正常的照顾，因此容易出现父母态度过于暴躁或者教育方式前后矛盾的状况。大人们忙着争斗，自然就没有多少时间能给孩子了。处在这种环境下的儿童可能会选择逃避痛苦或者自我放逐，或者加入从事危险活动的团体来弥补家庭关爱的缺失。

无论你如何看待自己的前任伴侣，都要让你的孩子知道你曾经深爱过对方。尽量显得有风度一些，因为你的态度会影响到日后孩子对爱情和婚姻的看法。你可以跟孩子解释你们是因为不再适合共同生活下去才离婚的，只有分开才能继续做朋友。父母要允许孩子对你们离婚这件事情有自己的想法。他们有时会幻想，父母有一天还会重新在一起（除非家庭暴力的情况）。不要轻易否定孩子向你表露的美好愿望，即使你的孩子在责怪你，也要听他把话说完，因为在他的思维里，不是对就是错，与其让他自责，不如让他把矛头转向你。要知道，大多数情况下，孩子都会自我惩罚。

恩里克的妈妈一直坚持对孩子进行情感引导，她总是鼓励孩子发表自己的意见，并且在需要帮助时求助于妈妈。恩里克的父母已经离婚八年了。恩里克九岁的时候，他问妈妈为什么要和爸爸离婚，他甚至还问她是否还爱着爸爸。她对儿子解释说她和爸爸已经无法再做朋友了，因为无休止的争吵让他们很伤心，只有离婚才能让他们成为更好的朋友。她想要避免让恩里克觉得必须在爸爸妈妈之间选择一方，所以即使她已经不再爱她的前夫，她还是告诉恩里克说她依然爱着他。她希望让孩子相信婚姻是可以成功的，无论最终结果如何，爱依然存在。

用情感引导的方式来帮助孩子应对离婚是最理想的方法。然而，一个令人不安的事实是，父母离异的孩子在长大以后通常会和其中一方感情疏远。这足以提醒父母必须认真对待离婚这件事，在涉及孩子的问题上要格外谨慎——你和你的前任伴侣遭遇了感情的破裂，并不意味着你和孩子的关系也面临同样的问题。如果父母双方都能够花时间关心孩子的感受，获得情感引导的孩子最终能很好地面对父母的离异。当父母无法和睦相处而必须离婚的时候，情感引导可以对孩子起到一定的保护作用。关键是，要持之以恒地对子女进行情感引导。

何时把你正在交往的对象介绍给孩子

到底单亲的父母应该在什么时候把新的恋人介绍给孩子？这并没有一个固定的时间表。以下是一些你需要考虑的事情：

- 在你确信这将会是一段严肃的感情之前，不要让约会影响到你的家庭生活。在约会过程中让孩子和恋人保持适当的距离，以免恋情告终时伤害到孩子的感情。什么时候该让你的孩子结识你的恋人，要看你们之间相互了解的程度，而不是看你们实际认识了有多久。

- 当你把未来的伴侣介绍给孩子认识的时候，要慢慢地来，例如从去公园或者动物园这样的地方开始。
- 等到你的新恋情进入了承诺的阶段或者可能要结婚，才让对方担当一定的教育职责。
- 当已经相处了足够的时间，并且你确定这个人将是未来的伴侣时，再把这个"新朋友"介绍给你的孩子。
- 要对你的孩子诚实。不要鼓励孩子把你的新朋友看成是他的新父母。孩子不明白约会是怎么一回事，但也无须你详细地给他们解释——只要告诉孩子对方是你的好朋友就够了。

妈妈或爸爸也需要有朋友的现实，孩子需要时间来接受，所以别忘了在把未来伴侣介绍给孩子的同时给予他们更多的关爱和支持。

留些时间给自己

有了孩子并不意味着你不能腾出时间来照顾自己，能兼顾自身精神生活的父母才能更好地照顾孩子。这的确是一件很困难的事情，但也是非常重要的。这里有一些给父母们的建议。

尽量参加一些善待自己的活动。本月你为自己都做了哪些事情？你是否享受了一个长长的泡泡浴？你是否看了一本书，或者观看了你最喜欢的球队的比赛？当父母们从事让他们对生活充满激情的活动时，他们会更加快乐，他们的情绪也会更加稳定。父母可以在处理琐事的途中，留半小时去做点好玩的事情。我知道父母们常常觉得他们无论如何都挤不出一点时间来喝杯冰镇香草咖啡或者在书店里快速浏览一下自己喜欢的杂志，但是谁说不可以呢？这是我们应得的。

正如我在第三章中提到的，另外一个让你保持理智的好办法就是找人或者雇人帮忙。是的，你必须放弃所谓的"我是万能超人"的心态，而是要成为最幸福也最有效率的父母，所以你应该允许自己借助他人的力量来给自己留一点呼吸的空间。

承受巨大压力的父母并不能很好地照顾子女。你可以通过取消没有必要的活动来简化你的生活。即使什么都不做或者独自一人，也可能让你出乎意料地快乐。永远不要低估父母减压的效果，正如睡觉旨在恢复我们的精神和体能一样，什么都不做也可以得到一样的益处。偶尔心无挂念没什么大不了的！我最常给父母们的意见就是只做必须要做的事情，简化再简化，做的事情要少而精。

成年人也应该在生气或暴躁的时候暂停活动。当我宣布"妈妈需要去冷静一下"的时候，这对我和我的家人都有好处，因为这避免了我把压力发泄在家人身上——如果我不适时休息的话就会发生这种情况。我说的不是简单地休息一下或者稍稍坐几分钟，而是用几个小时的时间去做一些让你恢复活力的活动。

父母应该让自己每天至少安静一次。当你在养育孩子的时候，很少有机会能暂停一下。然而给自己留一些时间是成为好父母的基本前提，如果我们不先照顾好自己的话，迟早会筋疲力尽或者把焦躁发泄在我们的亲人身上。偶尔从家务、工作和家庭中摆脱出来，可以让你精神焕发。

第六章　无条件的爱：育儿是世间唯一无法辞掉的工作

和你的伴侣或配偶约会去

家长很容易把养育孩子放在家庭生活的首位，而把大多数的精力都用来维护家庭和谐和照顾孩子。但是不要忘了，家庭和谐也需要父母之间保持初次约会般的浓浓爱意。当然，想要重燃当年的爱火需要付出时间、精力和计划。妈妈和爸爸需要暂时离开孩子一段时间去重温感情。一开始你可能会觉得好像只是在走过场，但一旦你开始行动，并意识到你真的是在约会，你就会享受到一段美好的时光。

许多夫妻自从有了孩子之后就不再光顾餐馆了，但这并不意味着你的配偶不会一时兴起带你出去吃饭——只要他知道这是你最渴望做的事情。即使你们只是去吃个热狗或者去海边走走，但我相信他会乐意为了这一晚的温馨做任何努力——在为人父母之后还能这样委实不易。如果你的另一半不知道你最想做的事情是让他先把你用烛光晚餐宠坏再共度良宵的话，那就直接告诉他吧！

男人眼中的完美约会

黄昏时分，伴随着悠扬的音乐，我们坐在市中心某家餐馆的露台上品尝鸡尾酒，接着享用丰盛的晚餐。

——布拉德，得克萨斯州

我希望老婆能变回生孩子之前的那个她，而不是像现在这么紧张和忙碌。我想要美酒、晚餐和畅谈人生的机会。

——马特，加利福尼亚州

我们一同骑马，然后在夕阳西下的时候享受清凉的玛格丽塔酒和野餐。

——斯科特，亚利桑那州

在海滨酒店度假三天,每天被大堂里咖啡和松饼的芳香唤醒,给对方一连串清晨的热吻,然后你懂的……一同漫步到附近的小餐馆享用一顿悠闲的早餐,然后离开下榻的宾馆奔赴机场,回家去和我们的小女儿团聚(当然要坐头等舱)。

——拉里,加利福尼亚州

最好能停留一晚以上,如果能去三百英里以外的地方就更理想了,例如拉斯维加斯。但倘若只能停留一晚的话,我会选择一家昂贵的餐馆享用美酒和美食,然后再去看场电影或者戏剧什么的。

——瑞安,加利福尼亚州

先来一顿大餐,然后在电影院里度过几个小时,好让我们能暂时从家务中摆脱出来。但我的妻子和我看法不同,她认为看电影是浪费时间,因为我们不是真正地花时间相处和交谈。我当然不同意,我们完全可以在吃晚饭的时候交谈,看电影可以让我们在精神上放松,共同度过一段难得的没有人打扰的安静时光。

——道格,加利福尼亚州

在家里度过一个宁静快乐的夜晚,做很多的爱!

——保罗,科罗拉多州

在海滩上用晚餐,然后沿着海边漫步。

——阿德里安,加利福尼亚州

不要拿孩子当借口来回避和你的伴侣重温亲密的机会。就我个人而言,我不大愿意为电影、游戏或者音乐会这样的事情分心,因为它们不会加深我与丈夫之间的感情。如果你和你的配偶经常独处的话,那么做一些不涉及太多交流的活动也未尝不可。如果你已经结婚多年,而且不想对伴侣诉说什么,我希望你们之间能用其他的方式来沟通。

第六章 无条件的爱：育儿是世间唯一无法辞掉的工作

我和我的丈夫平时都一边工作一边照顾孩子，因此如果我们想要独处的话，必须提前定好日子。我结婚已经十二年了，但仍然会激动地期待着约会之夜。说出来你可能不信，我的丈夫从来没有策划过一次约会！总是由我来负责。妈妈们通常掌握着家庭日历，知道什么时候最适合把孩子留在家里，自己出去约会。

如果我把计划约会的事情交给我丈夫的话，他很可能在最后一分钟才做好决定，导致来不及预订餐馆，结果多花了太多冤枉钱。我当然喜欢他邀请我去不错的餐馆，但我也同样喜欢一边吃玉米饼一边大笑着和他聊天——没必要因为约会的事情而争吵！因此他很感激我愿意负责制订计划。

我的大儿子以前很喜欢有保姆来临时照看他，但是最近他对我说，每次我和他爸爸去约会的时候他都很难过。前几天晚上他又告诉我，他想念我们，不希望我们离开他去约会。幸运的是，那天我正好让他看了电视上播放的《小比尔》(*Little Bill*)，那一期的节目讲的恰好是小比尔的父母需要一些时间独处的事情。我心想，上帝真是了解我的心思啊！在那一刻，我头一次觉得电视节目不是毫无意义的。

我听到太多的妈妈说，因为时间不够，所以不能和配偶约会。我通常会问，你们有时间做爱吗？大多数人说有。我们都知道，抢时间做爱有时候感觉也很棒，但不要自欺欺人了，哪对夫妻会不喜欢在没有孩子牵绊的情况下好好约会呢？

闪电妙语小贴士

经济适用型约会

如今家庭预算都很紧张,因此总是在昂贵的餐馆就餐是不大可能的。但这并不意味着你不可以出去开心一下。有很多地方都在特惠时间提供价格合理的饮料和食物。

你可能在想:"可我已经结婚了,还有孩子,你却建议我在特惠时间去餐馆?"虽然你已经结婚了而且还有了孩子,但这并不意味着你不能像以前那样去约会啊!所以赶快上网去搜索一下附近的餐厅,看看哪家可以提供特惠时间吧!

带上爱情地图去约会

我最喜爱的一本关于婚姻的书是约翰·戈特曼的《幸福婚姻七法则》(Seven Principles for Making Marriage Work),它能够有效地帮助夫妻双方建立和谐而持久的婚姻关系。我在婚后曾不止一次重读这本书,每次都会让我恢复到最佳的婚姻状态。每当我觉得自己和丈夫之间的关系有些紧张或者疏远的时候,就会拿出这本书来。有时我还会把它故意放在丈夫的桌子上或者卫生间里,希望他也会看一看。不过,通常情况是,他每次看到这本书就会问我:"我看你那本讲婚姻的书又冒出来了,我们之间有什么问题吗?"

这本书里有一个爱情地图问卷,可以让你在约会时带去,增添一些欢笑和趣味。虽然测验原本是要用纸和笔来完成的,但我更喜欢直接问上面的问题。书里还有一个"喜爱和迷恋程度"的问卷，可以测量你和伴侣之间的亲密程度。戈特曼写这本书的目的并不在于拯救婚姻，但他设计的练习题足以让任何已婚的人保持警醒。

如果你的感情需要修复，或者需要更多的关注和关怀的话，我强烈建议你阅读《婚姻保卫战：如何积极预防离婚和维系持久的爱情》(*Fighting for Your Marriage: Positive Steps for Preventing Divorce and Preserving a Lasting Love*)。这本书可以促进夫妻之间的相互交流，还提供了解决矛盾的实用策略。

附录　作者回答父母的常见问题

本书上市以来，受到全美读者的热烈追捧，很多父母读过书后向本书作者提出了很多的亲子沟通难题。我们搜集和整理了其中最为常见的问题由作者进行解答，以帮助读者更好地面对孩子。

为什么我的孩子特别黏我？

我二十六个月大的孩子最近极其黏人。只要我一离开房间他就会哭，哪怕我只是去冲个澡。我不知道这是因为他年龄的关系还是因为我们又生了一个新宝宝。

这种现象在三岁以下的孩子当中很常见，而你怀疑这和新宝宝的出生有关系也是正确的。你的儿子正处在离开妈妈学习独立的阶段，尽管这个时期的孩子比以前更加喜欢冒险，他们在情感上却可能产生更多的需求。独立对于成年人来说是一个很容易理解的概念，但对于孩子来说可能是一件很恐怖的事情。

你的儿子可能会在你忙自己的事情的时候缠着你不放——例如在你刷牙、做饭或打电话的时候。因为他感觉到你的独立性，所以很怕你不会再回到他身边来。无论你只是去趟厕所还是确实要出门去办点事情，他都会感到同样的恐惧。而现在你又有了新宝宝，他可能已经意识到你的注意力在转移，这也导致他的依赖性空前高涨。

怎样增强孩子的安全感：

● 当你不在的时候，准备一个安抚毯或者毛绒玩具来陪伴孩子。
● 如果你要去洗澡，提前十分钟告诉孩子，让他知道可以在你洗澡的时候玩某件特别的玩具。
● 如果孩子哭泣或者感到害怕的话，对他说："我知道妈妈忙着的时候你很寂寞——因为你想和妈妈在一起！别忘了妈妈是爱你的。"
● 有时你只需要暂时停下你正在做的事情，给孩子一个充满爱的拥抱，或者给他读一会儿书就能解决问题。
● 让他帮你一起照料小宝宝。
● 加入一个家庭小组，经常邀请和他年龄相近的孩子来家里玩或者去这些孩子家中串门。幼儿需要和同龄人一起玩，这是他们学习交际技能的重要途径。

无论你怎样做都避免不了这个自然的发育阶段。大多数幼儿会因为离开亲近的人而感到难过。虽然你的孩子似乎因为你不在身边而伤心，但其实这不会对他们造成什么严重的伤害。不妨把短暂的分离当作加深感情的契机吧！

为什么孩子不喜欢换衣服？

也难怪孩子不想换衣服——连我自己都喜欢整天穿着睡衣呢！孩子都喜欢稳定，他们之所以有时会抗拒换衣服，是因为睡衣象征着家的舒适。孩子经常会把换衣服当成一件苦差事。

如何鼓励孩子换衣服：

● 让孩子养成习惯是关键。每天早上做的第一件事就是让孩子换衣服。让他习惯于换上衣服再出门的程序，这样会让他慢慢改掉穿着睡衣窝在家里的习惯。

● 让换衣服成为乐趣。你可以设计一个穿衣游戏或者编一首歌曲！

● 你可以让孩子在晚上睡觉前早一点穿上睡衣培养睡意，但不要让他整个上午都穿着睡衣。

● 和孩子谈论换衣服的重要性，并指出每个人都必须这样做，同时告诉他可以在晚上穿着睡衣玩。

● 告诉孩子你会在他上幼儿园的时候想念他，并期待着晚上大家都穿上睡衣的时候。

如果孩子早上不愿意离开家的话，那可能意味着他希望能和你多待一会儿，那么你就应该多在家里陪他。

怎样为孩子组织一个无须礼物的生日聚会？

我和我的另一半打算不在梅兰妮（快四岁了）的生日聚会上把礼物送给她，而是稍后另外送出。我们还想要求她的朋友们也不要带礼物来，因为我们希望梅兰妮更多地把注意力放在庆祝活动和朋友们身上，而不是总在惦记他们可能带来的东西。

父母普遍认为自己的孩子已经有太多玩具了。但你越是这样认为，孩子越会想要更多。就像拔河比赛一样，我们越后退，他们就会越靠近。我建议对接收礼物的问题采取宽松的态度。这种"不收礼"的观念其实是一种成年人的哲学，并不符合孩子的思维方式。如果其他孩子都收到了礼物而你的孩子却没有，他可能会因此而感到迷惑或者伤心——为什么单单就不给他呢？

如果你担心女儿会因此被惯坏或是变得贪心的话，单凭一个没有礼物的生日聚会是不足以让她学会感恩的。我的孩子就很喜欢玩具，而且他们非常幸运，因为我和他们的祖父母都会经常买给他们。如果我发现他们不懂得珍惜，就会温和地提醒他们已经拥有很多玩具了，并问他们是否愿意把一些旧的玩具送给别人来为新玩具让出空间。他们通常会回答说："我不需要新的玩具，我要保留这些旧的，妈妈！"不过现在儿子们大了以后，他们更愿意把满满一口袋的旧玩具送给不如自己幸运的孩子，这样他们就可以购置新玩具了。

如果你执意拒收礼物，而你的孩子也能够接受的话，那么你不妨在生日请柬上注明"请不要带礼物来"或者"无须准备礼物，但如果你非常想送的话，我们更喜欢书籍"。这样一来，如果客人选择带礼物，也不会因为违反了你的请求而感到内疚。如果客人带来了礼物，可以先把它们放在另外一个房间，等客人都走了以后再让你的女儿打开它们。倘若你能轻松地接受礼物，那么大家都是赢家——送礼者会收到你的谢意，而孩子也得到了特别的东西。在这件事上没有谁对谁错，你应该也不想伤害那些喜欢送礼的客人。因此，要灵活地教育孩子灵活处事。

什么时候可以轻微地体罚孩子？

正面教育最有利于孩子的成长，所以任何时候都不应该对孩子动手。如果你打了孩子，他们从中学到的唯一道理就是有权力的人可以为所欲为。孩子可能会因此而变得滥用权力或者模仿你的方式去获得权力，而受害的对象有可能是他们的兄弟姐妹、宠物或者朋友。

孩子在被打的时候，大脑会为了保护自己而暂时封闭，导致他们在精神上抗拒一切，因此他不太可能学到任何教训。父母通常是出于愤怒而打孩子，而且误以为除此之外没有任何方法可以纠正孩子的错误行为。如果你回顾一下自己的童年，你是否还记得被打时的感受呢？毫无疑问，当时的你一定感到既羞辱又无助，你很可能只是因为害怕挨打才停止某些行为。如果你的父母允许你在被揍一顿和坐下来谈一谈之间做一个选择，你将如何选择呢？给孩子一个机会，终止这种暴力教育的恶性循环。

如果我们能通过适当的约束，用关爱、理智和逻辑来引导孩子的话，他们会更加受益。你唯一需要做的就是努力成为你心目中最理想的那一类父母，为孩子创造一个你最希望他生存和成长的世界。

我们是否对孩子保护过度？

我的丈夫非常具有保护欲，可是我觉得他没能给予女儿充分的自由，导致她无法和我们童年时一样幸福地长大。他这么做会不会是有害的呢？女儿已经五岁了，可他仍然在担心她会因为吞下玩具而窒息，只要在生日聚会上看到哪个孩子流鼻涕的话，他就会立刻带女儿回家。

拥有过度强烈的保护欲或者试图控制孩子的成长环境的父母通常都有一些未被满足的内心需要，这使他们感到无助和失控。你的丈夫的过度保护可能是一种重新获得控制权的方式。

过度保护可能会造成一些非常严重的后果。如果孩子无法接触到现实生活的各个方面，就无法学会对自己负责，也会变得过分依赖他人并缺乏对直觉的自信。他们甚至可能会认为其居住的世界是一个不安全的地方。如果我们总是在保护孩子，就等于是在向他们传递一个信息，那就是"你没有能力照顾自己"。孩子其实拥有很多本领，完全有可能独立生活在这个世界上。

家长的确有义务保护自己的孩子，但在某些时候，我们也要给孩子正常的成长空间。孩子在四岁之后通常不再需要密切的监控，把学龄前的孩子当作婴儿来对待，就不再是保护而是偏执了。孩子都是经由父母来认识世界的，如果你把这个世界看作是一个危险和不安全的地方，孩子也会树立同样的观点，这将使他长大以后处于劣势。

孩子在上幼儿园之前有必要认字和识数吗？

研究表明，五岁以下的儿童并不需要正式的课程教育来为上小学做准备。事实上，在充满爱的家庭环境中长大，且父母能经常和他们一起玩耍、聊天的孩子在幼儿园里表现更加出色。一个孩子将来书能读得怎么样，主要是看他的家长是否经常给他读书或者鼓励他看书。如果你的家里到处都有书，可供他随时翻看，孩子就极有可能成为一个爱书的人。如果你自己爱读书的话，孩子也很可能会效仿。

幼儿的大脑和肌肉仍处于发育的早期，促使他们掌握学习技能既不利于他们的身心健康也不会带来什么效果。过早地强制孩子学习可能会抹杀孩子的性格或者剥夺他天生对学习的兴趣。孩子在五岁以后会开始表现出对使用铅笔和纸张的兴趣，学校的任务就是激发孩子的天然能力，并帮助他们更快地学会读和写。

我从来没有教过我的儿子如何使用铅笔或蜡笔，他甚至不喜欢铅笔，但他从上幼儿园的第一周起就开始用铅笔来写字母。我很高兴我们没有提前对他进行任何正规的教育。我们做过的最接近于"正规"教学的事情就是让孩子玩字母贴纸和学唱字母歌，还有分辨图片。大多数时候，我们更愿意多给孩子一些爱和关注，这才是孩子上学之前真正需要准备的。

> **幼儿园老师最想要什么样的学生**
>
> 很多人误以为五岁的孩子应该在上幼儿园之前学会认识字母，事实恰好相反，大多数幼儿园教师其实并不希望教室里都是已经可以辨认字母的孩子。他们真正需要的是能够控制冲动，并能按照要求完成复杂任务，而且又有足够的自制能力可以花几分钟时间听完老师指令的孩子。
>
> ——早期教育观察博客（Early Ed Watch Blog），2009

学校是为教孩子阅读和写字而设立的，教师们为此接受过专门的培训，所以家长只需提供支持和引导就够了。为什么不让自己休息一下，让孩子自由地玩耍、唱歌、画画，用胶水和线去做各种实验，尽情地欢笑，并允许他们把自己弄得很脏很脏呢？

我四岁的孩子对我们的狗很不好，这样正常吗？

非常年幼的孩子是不知道该如何妥善地对待家里的宠物的，需要有人教导他们轻轻地触摸、照顾和尊重小动物。许多孩子爱躺在动物身上或者拉扯它们，是因为他们不知道动物和人一样也会感觉到疼。你应该给孩子示范各种呵护的行为，如果发现他们虐待宠物，立刻带他们走开，绝对不能允许他们伤害宠物。你应该教孩子用温柔的音调和语言与小狗说话，例如："罗切特，我们爱你，你摸上去很柔软。"并且对孩子强调说："我们不可以伤害我们的狗，这会让它难过的。"

被别人欺负的孩子有可能会把怒气发泄到家里的宠物或者野生动物（如昆虫等）的身上，因为孩子克服创伤或者恢复自信的途径之一就是伤害比他更弱小、更无助的东西。有时候，虐待宠物或动物可能是心理疾病的征兆，如果这个问题在你的家庭中经常发生，请带你的孩子去看看家庭心理医生。

我的学龄前孩子在生气时会对我说："我不爱你。"或者"我恨你，妈妈！"我该如何处理这种状况呢？

"恨"是一个很重的字眼，我建议在任何时候都不要在家里使用这个词，你可以鼓励你的孩子用"我不喜欢你"来代替它。在家里或者与父母在一起时有安全感的孩子才可能会说出这样的话来，所以从某种意义上来说这是一件好事，因为这意味着他们感到足够安全，不会担心因为表达自己的想法而遭到父母的冷落。如果你允许孩子把怒气发泄出来，会有助于他们向你透露真实的想法，告诉你是什么让他们如此烦躁。当我的儿子对

附录 作者回答父母的常见问题

我说他想要换个新妈妈的时候,我会问他:"我做错了什么呢?你知道我是爱你的。"他就可以利用这个机会来让我知道到底发生了什么事情。

受过情感引导的孩子怒气消失得更快,一旦他们看到自己的意见被聆听,就会恢复到正常的表达方式上去。如果你的孩子说出了伤害你的话,那么就按照情感引导的步骤(参见第二章)来调查一下有什么更深层次的问题存在吧!

在什么情况下喊叫是错误的?我除了对他们喊叫之外别无他法,否则他们根本不听。

所有的父母都难免偶尔对孩子大喊大叫。有时候是"吃饭了",有时候则是"不许压在你姐姐身上!她不是椅子"。但究竟在什么情况下喊叫会对孩子的发育造成伤害呢?这不是喊叫本身的问题,声音大并不会伤害到孩子。然而,吓人的声调和威胁的信息却足以让孩子意识到你已经失去了冷静和自我控制能力。

懂得情感引导的父母是不会这样做的。父母不是完人,当我们承受压力的时候,很容易对我们所爱的人大吼大叫。但是别忘了孩子们会效仿我们的行为,因此,如果你发现自己正在对孩子吼叫的话,赶紧去冷静一下。你应该让孩子知道,你心情不好的时候可能会喊叫,但这样做是不对的。你要承认自己的错误并向孩子道歉,再告诉他们你需要他们的帮助和合作。

永远不要把喊叫作为一种恐吓策略,这么做不仅十分残酷,还有可能在孩子的心里永远烙下你可怕形象的烙印。

我丈夫和我的教育方式截然相反,我们是不是应该统一教育方式呢?

没有人是完美的,所以不要把你和你丈夫之间的细小分歧当作很严重的问题。只有在重大的事项上(例如能否用暂停活动法来惩罚孩子等)才真正需要父母双方达成一致。比较常见的是父母中的一方纵容孩子的不良表现，而另一方则用过于严厉的方式试图纠正。如果爸爸让孩子们在公园里玩的时间比妈妈长，或者他在吃饭时给孩子倒了更多的牛奶，这没什么大不了的。但是如果涉及管教的话，父母双方应该在教育的核心理念上达成共识。家长应当知道哪些策略是完全行不通的——例如斥责、羞辱、惩罚或者贬低，也要知道哪些策略是行之有效的。家长们应当意识到，有效的管教通常无须动用任何惩罚手段，而是告诉孩子可以做什么以及怎样去做。

有一点非常重要，那就是父母之间不要相互批评和论断（尤其不要在孩子面前）。相互尊重、彼此妥协的家长才能确保经常站在同一战线上。

家长们可以尝试制作一个犯错笔记，每当遇到难题而不知道如何是好的时候就翻开看看。我的丈夫习惯于提醒自己要用行为的直接后果来警示孩子。如果我们的儿子把玩具车摔在地上，我们会问他这样做对不对，然后会和他一起思考应该怎么做，好让他以后不再重复同样的错误。如果他还继续这么做的话，我们就会把玩具收起来，而不是取消他当天晚上的甜点，因为这不是错误行为的直接后果。

爸爸妈妈也可以发明一套暗语，每当事情偏离了方向的时候，就可以用来提醒对方。例如在我们家里，如果我或者我丈夫一时疏忽，开口威胁了孩子，另一方就会在其耳边轻轻地说一句"倒退了"来提示对方正在使用无效的教育手段，以便我们可以立即纠正。父母之间要随时沟通并能够包容不同的意见，父母也应该互相进行情感引导，谈一谈为什么某些方法是行不通的。父母还可以一起去参加家长培训班或者共同阅读育儿书籍，这些都会让你们配合得更默契。

什么时候应当对孩子进行人身安全教育？除非迫不得已，否则我不希望让孩子了解可能会发生的坏事。

当孩子尚且幼小的时候，保障他们的安全是父母最大的责任。在成长到一定年纪之前，孩子无法对自己的人身安全负责，但这并不意味着你不可以开始教给他们一些基本常识。父母应该用开放的方式和孩子探讨人身安全问题，这样一旦出现了任何问题，孩子至少知道应该先告诉你。

在不给孩子造成恐慌的前提下，适当让他们了解一些安全概念可以提高他们的自我保护能力。恐吓孩子并不会让他们变得更勇敢，而只会让他们因为害怕而感到无助。如果你能给予孩子足够的关爱，他就不会试图从其他成年人那里寻求关注。

以下是一些适合与三岁到五岁之间的孩子谈论的安全问题：

● 你的身体只属于你自己。告诉他们"只有妈妈、爸爸和医生才能触摸你的私人部位"——当然要先给孩子定义私人部位。教孩子说"不，我不喜欢这样"，如果有人以他们不喜欢的方式触摸他们的身体，他们要马上告诉爸爸妈妈。父母们有必要经常跟孩子讨论这一问题来强化这个概念。

● 在公共场合离开成年人的看护或者自己乱走是绝对不可以的。让你的孩子知道离开你或者任何正在照看他们的成年人都是危险的——因为他们有可能会走失，而且法律也不允许大人在公共场合和子女分开。

● 坚持自己的意见没有什么不对。鼓励你的孩子说"不"，当有人伤害或者恐吓他们的时候，一定要坚持抗拒，并确保孩子们知道他们应该告诉你。告诉他们，父母会永远帮助和保护自己的孩子。

随着孩子逐渐长大，还有一些其他的安全问题需要告诉孩子：

● 在去任何地方之前都要先和父母或者其他可信赖的成年人打招呼，没有经过许可就不能擅自去任何地方。告诉孩子哪些成年人可以去学校接他们，并经常和孩子重复这些名单和要求。

● 当有什么不好的事情发生在你身上，或者有任何事情让你感到害怕、困惑或危险的时候，一定要告诉父母或者其他可信赖的成年人。

● 任何人都无权强迫、哄骗或者迫使你去做你不想做的事。

    我经常和八岁的大儿子谈论安全问题，因为白天他已经不在我的看护下了。当我们把孩子送去上学的时候，我们都希望教师和其他成年人能够正确地对待孩子，然而在某些情况下，事实并不是这样的。如果我没有与儿子进行过这些讨论，可能永远不会发现学校里存在的不良问题，但也不会幼稚到以为所有教师和工作人员的行为都是适当的。我曾在校园里亲眼看见一些大人对待孩子的态度——这让我有了更多的理由去鼓励孩子在他们知道或者感觉有什么事情不对头的时候来找我。

    从儿子进入幼儿园起，我就开始认真地和他谈论这方面的事情。幸运的是，儿子可以很轻松地把一些我无从获知的事一一告诉我。据儿子讲，幼儿园里的老师会让不听话的孩子暂停活动。我想，班级里孩子那么多，除此之外老师恐怕也别无他法。可是有一天，儿子回到家以后告诉我，老师今天也罚他暂停活动了。我问他："你没有听老师的话吗？"他告诉我，因为他忘了做作业，老师就罚他在课间休息的时候待在教室里，结果他哭了很久。

    我不得不努力控制自己的情绪，因为我气得差点就要冒烟了。五岁的孩子连穿衣服都会忘记，怎么可能会记得做作业呢？五岁的孩子甚至还没到上学的年纪——更不用说老师使用了一个毫无效果的方法惩罚孩子。如果我和儿子之间没有这么及时的沟通，说不定他会一直遭受类似的惩罚。所以你应该经常和孩子聊聊，最重要的是，请保护他们！

我女儿刚上一年级，就经常受到欺负。我们应该怎么办呢？

    父母一定要重视孩子受欺负的问题，并且认识到这对孩子今后的生活可能会产生可怕的影响。欺负或者欺凌行为指的是有人故意恐吓或者伤害他人。五岁的孩子就开始欺负别人并不是什么骇人听闻的事情。欺凌行为通常会反复发生，随着孩子年龄的增长，尤其在他们拥有了电脑和手机之后，还可能演变成网络欺凌。

年纪较大的孩子在遭到欺凌之后容易出现逃学、缺乏自尊、抽烟、喝酒和吸毒等问题，因此绝不能对欺凌行为掉以轻心。科伦拜校园惨案中的两名少年杀手埃瑞克·哈瑞斯（Eric Harris）与迪伦·科利鲍（Dillon Klebold），就是因为曾不断地受到欺凌，才发生了我们后来有目共睹的可怕后果。当然，显然还有其他因素导致他们做出了那些令人发指的行为，但不可否认科利鲍和哈瑞斯在校的时候的确经常被一些不良团伙欺负。仅仅这一事件就应该让所有学校对一切欺凌和暴力行为持"零容忍"的态度。

因为欺凌会威胁到儿童的人身安全和心理健康，所以我们必须培养孩子的责任感和怜悯之心。父母一定要做子女的最强有力的支持者，因为孩子受欺负的时候往往并没有大人在场，而无人支持的孩子往往会因为恐惧而不敢举报。

当你的孩子告诉你有人欺负他的时候，你一定要给予他同情，并允许他表达内心的感受。然后在听取了他的述说之后，问孩子是否愿意和你一起去找老师或者校长。你要对孩子强调，欺凌行为是不容忽视的，如果不引起足够的重视，将会有更多的人受到伤害。你要让孩子知道，保护他是你作为父母的重要任务。

同样重要的是，你应当了解孩子所在的学校对于欺凌行为的规定。如果孩子告诉你有人在欺负他的话，千万不要不当回事或者拒绝相信孩子说的话，而是要采取鲜明的立场，并伸出援助之手。

想要了解更多信息或者观看有关如何识别和制止欺凌行为的网络讲座，请访问 www.StopBullyingNow.hrsa.gov 网站。

我如何保护孩子免受有毒食品和环境的影响，同时帮助他节能环保呢？

每个家长都希望自己的孩子能够呼吸到新鲜的空气，喝上放心的水，同时免受毒素的侵害和阳光的辐射。其实，让生活方式变得更健康并没有大家想象得那么复杂。我和我的丈夫就一直在逐渐地"绿化"我们的房子，同时密切地关注环境问题。在孩子出生之前，我们就应当确保子宫里的孩子能健康地生活在现今的世界上。

当我们从医院满怀喜悦地把第一个宝宝抱回家的时候，我就立刻开始担心起来，因为我们住的是一栋20世纪20年代建造的老房子。我担心当时所用的油漆里面含有铅，于是向我的父亲询问是否应该把所有窗台上的油漆都刮掉然后涂上新漆，以消除可能存在的铅。

"没必要把旧漆刮掉，"他说，"除非你认为孩子会去啃窗台。"

结果在十二个月之后，当我的儿子开始学走路的时候，他最喜欢做的事情就是啃窗台，因为那里正好符合他的身高！现实情况是，孩子们会啃一切能拿得到的东西，直到他们懂事为止。

就在前两年，一条关于有毒化学品双酚A（BPA）的报道被披露出来，该种物质被普遍用于婴儿奶瓶的内壁和配方奶粉罐里。最近我们又得知它也存在于大多数的罐头食品里！我感到非常震惊和沮丧，因为我在停止母乳喂养之后曾给我的两个儿子用过奶瓶和配方奶粉。研究还发现，在某些情况下，仅仅一个罐头里的双酚A含量就可能是政府规定的工业食品安全标准的两百倍以上。这件事足以让我改变自己的生活方式，以确保孩子们更安全。

 引述一名环保活动家的话

一个人当然不可能做所有事情，但所有人都可以做一些事情。

——吉尔·斯科特·赫伦（Gil Scott-Heron）

几年以前，如果你自称是一个有机食品的倡导者，你会被视为神经质

或"健康狂徒"。如今时代不同了,越来越多的人把环保看作是一个公民应尽的义务。我们家仅用了几个星期就把我们的环境改造得更加环保。你要做的事情并不少,如了解哪些食品成分是有害的并在购买之前仔细阅读包装说明,更换你的家用清洁剂和灯泡,只购买有机食品等——当然你并不一定非要一次性完成所有的转变。我们能做到的事情,你也可以的——难道孩子的健康不值得你付出努力吗?

以下是一些实用的提示,可以让你的孩子过上健康的生活:

● 避免接触邻苯二甲酸盐,这是一种添加的工业化合物,用来增加塑料的延展性,主要用于聚氯乙烯(PVC)材料,所以父母应避免购买含有聚氯乙烯的产品,或者只购买不含有邻苯二甲酸盐的产品。当聚氯乙烯塑料燃烧时,会释放二噁英——那是最有毒的化学合成品之一,可能会损害免疫系统和生殖系统,甚至可能导致癌症。临床研究表明,大量接触邻苯二甲酸盐的母亲生育的孩子容易出现生殖器发育异常。邻苯二甲酸盐还可能会导致哮喘以及肝脏、肾脏的损害。

● 停止用微波炉加热塑料容器和保鲜膜包装的食物——改用玻璃器皿。因为加热塑料会导致双酚A从塑料转移到食物中去。

● 告别香水,购买纯天然和无香味的产品。许多空气清新剂、蜡烛、洗涤剂、洗发水和香水里都含有邻苯二甲酸盐。

● 注意塑料容器底部的标志,远离任何写有3、6、7这些数字的容器,这些都是危险塑料的代号。

● 使用玻璃容器或者安全的塑料容器来存放食品——购买聚乙烯制作的保鲜膜,它不含增塑剂。

● 把聚氯乙烯做的玩具丢掉,选择木制玩具(无漆的)、布制玩具或者毛绒玩具。可以捏扁的柔软玩具通常是由乙烯和聚氯乙烯制成的。

● 使用硅胶制成的奶嘴和安抚奶嘴。

● 用铅成分测试包检查旧油漆、玩具、水杯、饭盒等。

● 留意孩子的美术用具是否正在被召回，一些蜡笔、粉笔和美术用品由于含铅量过高，已经被美国消费者产品安全委员会召回。

● 远离可能含有大量杀虫剂的食品。只要有可能，尽量购买以下食品的有机品种：桃子、苹果、甜青椒、油桃、草莓、樱桃、莴苣、葡萄、梨、菠菜和土豆。这些食品的非有机品种通常使用了大量的杀虫剂。

● 购买不含硝酸盐的肉类食品——如果食品成分中列出了硝酸盐，就不要购买这样的培根、热狗和午餐肉。你在大部分杂货店里都可以买到不含硝酸盐的肉类，也可以要求商店经理购进这类食品。

● 避免食用罐头食品。双酚A只存在于加工过的罐装食品中，所以尽可能吃新鲜的未经加工的食品。

● 用水果和蔬菜的废物积肥。威廉姆斯－索诺玛公司（Williams-Sonoma）就生产一种很棒的不锈钢积肥容器，你可以把果皮和咖啡渣都倒进去。如果你有花园的话还可以露天积肥，当然也可以把你积攒的肥料送给有花园的人。

● 使用荧光灯代替白炽灯。有些城市会给你免费更换整个房子的灯泡。

● 不买含有不粘材料特氟龙（Teflon）的物品，因为特氟龙会释放一种能够致癌的化学物质。你可以改用不锈钢、铜涂层或铸铁的炊具。

● 购买标有能源之星的电器，以减少能源消耗。

● 扔掉有毒的护肤品——肥皂、乳液、防晒霜等。去Safecosmetics.org为你和你的孩子选购健康的替代品。

● 不要让孩子接触到钥匙，因为有些钥匙含有铅。

● 如果你的家庭成员中有人过敏或者有哮喘的话，买一个HEPA过滤器。

● 减少使用、重复利用、回收再造——让我们都养成这样的良好习惯吧！

● 停止使用塑料袋，用环保购物布袋把食品从商店里带回家。

● 使用不锈钢水壶而不是一次性的塑料瓶装水——这样更健康也更环保。

● 给你的孩子准备一个环保的午餐袋上学带。如果你在谷歌里搜索"有机环保的儿童午餐袋",你会惊讶于有那么多公司都在生产它们。不要用三明治的塑料包装袋来装孩子的午餐,改用可重复使用的容器。

● 避免使用有毒的家用清洁剂。

如需了解更多让孩子的世界变得更加安全的信息,请访问 Healthy Child.org、Healthytoys.org、EPA.org、Safecosmetics.org、EWG.org 和 Cosmeticsdatabase.com 网站。

闪电妙语小贴士

家庭自制安全橡皮泥

一杯面粉

一杯水

半杯盐

两汤匙的油

两汤匙的塔塔粉

如果你想做出彩色的面团来,可以添加可溶于水的食用色素,或者用更加有机的材料(如甜菜汁、菠菜汁、胡萝卜汁等)调色,然后依照下面的步骤做。

把面粉、盐和油放在一个大碗里,然后慢慢地倒入水,同时搅拌。再把这些倒入一个锅中用中火煮,不停地搅拌直到面团变得黏稠并呈球状。这往往只需要一两分钟,不要让它煮过头或者烧焦了!然后取出面团,放在一张蜡纸上,用双手揉。最后把面团分成三个球,逐一添加几滴蔬菜汁,把颜色揉进去,就可以用了。把面团存放在密闭的容器中放入冷藏箱,放一年都不会坏。

后记

我希望从现在起,到今晚、到下周、到下个月乃至未来的几年里,这本书都能够回答你遇到的每一个幼儿情感上和行为上的难题。

倘若这本书还有些值得推荐的内涵的话,那都是得益于我多年的教学和临床心理咨询经验,也得益于众多家长的宝贵经验和我自己养育儿女的心得。

育儿的实践——有时候甚至是犯的错误——让我体会到理解孩子的最好方式就是换位思考。对孩子的正确教育应当建立在同情、关爱和亲密的亲子关系的基础之上。

育儿之路需要我们不断探索、学习和改进,任何时候改善亲子关系都不晚。我们都希望孩子能够心想事成,因此,请伸出你关爱的双手,给予他们温柔的指引,并认真地看待孩子的情感。等你的孩子步入青春期之后,你就会看到这些努力的成果。

我期待着你把感受、体会和建议发到 info@thegotomom.com 或者光顾我的网站 TheGoToMom.TV,欢迎你和众多家长一起来学习如何成为孩子的榜样。网站上不超过两分钟的简短视频让你可以在任何地点随时观看。

答案:1.B 2.D 3.ABD 4.A 5.C 6.D 7.ABCD 8.B 9.A 10.B

版权合同登记号：图字 30-2021-093

图书在版编目（CIP）数据

你就是孩子最好的玩具：樊登导读 ／（美）金伯莉·布雷恩著；夏欣茁译. — 海口：南方出版社，2021.5（2025.5重印）

书名原文：The Go-To Mom's Parents' Guide to Emotion Coaching Young Children

ISBN 978-7-5501-6791-9

Ⅰ.①你… Ⅱ.①金… ②夏… Ⅲ.①家庭教育 Ⅳ.①G78

中国版本图书馆CIP数据核字(2021)第070463号

THE GO-TO MOM'S PARENTS' GUIDE TO EMOTION COACHING YOUNG CHILDREN by KIMBERLEY CLAYTON BLAINE
Copyright: © 2010 BY KIMBERLEY CLAYTON BLAINE
This edition arranged with BOOKS CROSSING BORDERS, INC.
through BIG APPLE AGENCY, INC., LABUAN, MALAYSIA.
Simplified Chinese edition copyright:
2021 Beijing Uni-wisdom international Newspaper Publishing Co.Ltd
All rights reserved.

你就是孩子最好的玩具·樊登导读

[美] 金伯莉·布雷恩／著　夏欣茁／译

责任编辑：	孙宇婷　师建华
版式设计：	卢　馨
出版发行：	南方出版社
地　　址：	海南省海口市和平大道70号
电　　话：	(0898)66160822
传　　真：	(0898)66160830
经　　销：	全国新华书店
印　　刷：	三河市北燕印装有限公司
开　　本：	700mm×1000mm　1/16
字　　数：	220千字
印　　张：	14.5
版　　次：	2025年5月第1版第5次印刷
书　　号：	ISBN 978-7-5501-6791-9
定　　价：	46.00元

新浪官方微博：http://weibo.com/digitaltimes
版权所有　侵权必究
该书如出现印装质量问题，请与本社北京图书中心联系调换。